뭐라 말할 수 없을 때,

마음을 전하는 말

낸스 길마틴 지음 | 안기순 옮김

한언 HANEON.COM

뭐라 말할 수 없을 때,
마음을 전하는 말

펴 냄 2005년 1월 1일 1판 1쇄 펴냄 / 2005년 4월 25일 1판 3쇄 펴냄
지은이 낸스 길마틴
옮긴이 안기순
펴낸이 김철종
펴낸곳 (주)한언
    등록번호 제1−128호 / 등록일자 1983. 9. 30
주 소 서울시 마포구 신수동 63−14 구 프라자 6층(우 121−854)
    TEL. 02-701-6616(대) / FAX. 02-701-4449
책임편집 신선해 shshin@haneon.com
디자인 이정아 jalee@haneon.com
홈페이지 **www.haneon.com**
e-mail haneon@haneon.com

ISBN 89-5596-219-3   03300

뭐라 말할 수 없을 때,
마음을 전하는 말

HEALING CONVERSATIONS

모든 것을 잃었다고
생각한 그 순간에도
당신은 혼자가 아닙니다.

To _____

_____

_____

_____

_____

_____

_____

_____

From _____

산산이 조각난 마음을 잇기 위해 애쓰는
당신 모두에게 이 책을 바칩니다.
불가능하다고 생각한 그 순간,
내 능력을 넘어설 수 있는 지혜를 베풀어준
코니*Connie*에게 바칩니다.

그냥 들어주세요. 아무 말이라도…

예기치 못한 사건이 터져 무엇부터 어떻게 해결해야 할지 알 수 없는 난감한 상황에 처한 적이 있는가? 그런 사람을 본 적은? 그럴 때면 마치 세상이 무너지는 것과 같은 절망감에 휩싸이게 된다. 나 역시 그랬다.

절친한 직장동료인 샐리가 또 유산을 했다. 이번이 벌써 세번째다. 의사는 샐리에게 다시는 임신하지 말라고, 그러면 생명이 위험해진다고 경고했다. 아이를 가질 수 없다니! 하지만 샐리는 목숨을 걸고서라도 아이를 갖고 싶어 했다. 나는 친구에게 무슨 말을 해줘야 할지, 무엇을 어떻게 도와줘야 할지, 정말 알 수가 없었다.

나는 그래도 뭔가 해야겠다고 결심하고는, 유산으로 아이를 잃은 경험이 있는 대학친구 부인에게 전화를 걸었다. 당시 우리는 별로 친한 사이도 아니었지만 나는 지푸라기라도 잡는 심정이었다. 그녀는 차분한 어조로 정말 중요한 말을 해주었다. "말을 많이 하지 말아요. 그냥 들어주세요. 마치 모든 일을 다 해결해줄 것처럼 쉽게 말하지 마세요. 엄마가 되고 싶었던 한 여성이 갑작스레 아이를 잃었어요. 앞으로도 엄마가 될 수 없을 거래요. 거기에 대고 그것은 신의 뜻이라든가 입양을 하는 방법도 있다고 말해준들 무슨 위로가 되겠어요? 아마 친구를 바라보는 당신도 많이 힘들 거예요. 친구의 감정에 공감해주는 것까지가 당신의 몫이에요. 그냥 들어주세요. 아무 말이라도….”

고통 받거나 불편한 상황에 놓여 있는 사람을 보는 것도 쉬운 일은 아니다. 그래서 우리는 어떻게든 그 상황을 빨리 해결하려고 조급하게 서두른다. 아니면 뭔가 잘못 말해서 상황을 악화시키기라도 할까봐 아예 피해버리기도 한다. 이 책은 살면서 어쩔 수 없이 맞닥뜨리게 되는 엉망진창인 순간, 변화와 전환과 상실의 불확실한 순간을 위해서 태어났다. 이 책은 위로를 받아야 하는 사람과 도움을 주고자 하는 사람 사이의 간극을 이어주는 감동적인 순간들을 담고 있다. 누구나 겪게 되는 힘겨운 순간을 엿보는 것만으로도, 당신은 위안을 얻고 좀더 현명하게 대처할 수 있을 것이다.

이 책에 실린 이야기들은 갑작스런 죽음, 절망스러운 실패, 아무런 대책이 없는 상태에서 당한 실직 등에 관한 실화다(하지만 사생활 보호 차원에서 가명을 사용했다). 누군가가 당신에게 도움을 요청하거나 자기 말에 귀 기울여 들어주기를 원할 때, 이 책의 이야기가 진정으로 필요한 도움을 줄 수 있기를 바란다. 순서에 구애받지 말고 마음 편하게 읽어도 좋다. 지금 당장 당신에게 필요한 이야기부터 찾아서 읽을 수도 있고, 처음부터 차근차근 읽어 내려가며 앞으로 일어날 일들에 대비할 수도 있다.

이 책은 상황을 해결하기 위한 지침서가 아니다. 그저 다른 사람의 입장을 이해하고, 서로 위로를 주고받을 수 있도록 당신을 초청하는 초대장이다. 여기서 그다지 많은 조언이나 지침을 얻을 수 없을지도 모른다. 하지만 다른 사람의 경험을 알게 되는 것만으로도 그런 상황에서 처한 사람들의 감정에 좀더 민감해질 것이고, 비슷한 상황에 처한 사람에게 무슨 말을 하고 어떻게 곁을 지켜줄지 저절로 알게 될 것이라 믿는다.

마음이 온통 복잡하여 위로를 주지도 못하고, 제대로 들을 수도 없을 때가 있을 것이다. 정말 선한 의도를 갖고 있더라도 전혀 도움이 되지 않는 순간도 있을 것이다. 어려운 시기를 이겨내려면 단지 마음이나 꽃을 건네주는 것 이상의 배려가 필요하다. 수고와 모험이 필요하다. 그리고 무엇보다도 헌신적으로 들어야 한다. 침묵과 고통, 말 아래 묻혀 있는 희망, 마음이 살아 숨쉬는 곳에 귀 기울여야 한다. 다른 사람에게 관심을 기울이거나 자신을 위해 도움을 요청하려는 순간에는 그 사람의 마음을 내 손에 쥐고 있다고 생각해야 한다.

나는 전문적인 의견을 제공하는 카운슬러나 심리학자가 아니다. 그저 내가 듣고 겪은 경험을 공유함으로써, 좀더 나은 방법을 생각해볼 수 있도록 하려는 것이다. 이 책을 읽고 당신 역시 자신의 이야기와 통찰을 다른 사람과 나누기 바란다.

CONTENTS

Part *1*

친구가 필요할 때

제발, '잘 지내냐'고 묻지 말아줘 _ 지쳐 있는 누군가에게 안부를 물을 때 • 23

여섯의 법칙 _ 도움이 절실히 필요할 때 • 28

한 번도 안아보지 못한 내 아기 _ 갑작스런 상실을 겪을 때 • 33

진심은 마음 저 너머에 있다 _ 과거의 상처에서 벗어나지 못하는 이에게 • 37

터널 끝의 빛을 향해 _ 친구에게 용기를 주고 싶을 때 • 41

괜찮아질 거예요. 그렇죠, 엄마? _ 두려움에 떨고 있는 아이에게 • 44

위로의 다리 _ 내가 해결책을 찾아줄 수 없을 때 • 50

뜻밖의 선물 _ 낯선 사람의 호의가 당황스러울 때 • 55

감정의 다락방과 새로운 지도 _ 새로운 환경에 적응해야 할 때 • 59

싸구려 청바지 하나조차도… _ 하루아침에 무일푼이 되었을 때 • 64

나는 도대체 누구지? _ 지금까지와는 전혀 다른 내일을 살아야 하는 이에게 • 69

이제 끝이야 _ 사랑하는 사람과 헤어졌을 때 • 73

돌아보기 _ 마음에 주파수 맞추기 • 76

Part *2*

건강을 잃었을 때

미지의 사건 _ 검사결과가 두려울 때 • 81

책한테 길을 물어 _ 심각한 병에 걸렸다는 선고를 받았을 때 • 86

분홍색 담요 _ 수술을 앞두고 있을 때 • 90

기도와 사랑을 보내줘. 두려움은 빼고 _ 친구들에게 내가 병에 걸렸음을 알릴 때 • 93

할머니 이야기 _ 우울증에 빠져버린 이에게 • 96

환자의 마음속에 들어왔는가? _ 의사가 환자를 마주대할 때 • 100

사랑으로 장식한 크리스마스트리 _ 환자 곁에서 함께 고통을 느끼는 이에게 • 105

제2의 시력 _ 시력을 잃어버린 친구에게 • 109

팔 하나 부러졌을 뿐인데… _ 마음의 상처를 감추고 있는 이에게 • 113

구사일생 _ 죽음의 문턱에서 살아남은 이에게 • 116

두려움은 그대로 남는다 _ 사고의 여파가 사라지지 않을 때 • 122

소리 없는 외침 _ 죽음을 생각하고 있는 이에게 • 126

돌아보기 _ 마음의 거리 • 130

Part *3*

직장에서 문제가 생겼을 때

성난 고객을 충성스런 팬으로 _ 다짜고짜 따지고 드는 고객에게 • 135

경청의 힘 _ 직원끼리 잘 어울리지 못할 때 • 140

운동화와 바닥깔개 _ 이해할 수 없는 행동을 하는 직원에게 • 144

농담이겠지! _ 전하기 어려운 피드백을 주고받을 때 • 148

해고의 방식 _ 직원에게 해고소식을 알려야 할 때 • 154

공중곡예 _ 직장을 옮기게 되었을 때 • 158

보이지 않는 경계를 넘어서 _ 회사에서 불행한 소식을 들은 직장동료에게 • 161

아버지의 나무 _ 직장동료와 사적인 문제를 의논할 때 • 166

난 당신을 걱정하고 있어요 _ 실의에 빠진 직원을 위로할 때 • 169

폴 송가를 기리며 _ 절친한 직장동료가 세상을 떠났을 때 • 173

추억을 불러일으키는 편지 _ 세상을 떠난 사람의 가족들에게 • 177

돌아보기 _ 난 이 비행기를 꼭 타야 해요! • 180

Part 4

변 화 의 기로에 섰을 때

"우리 이혼해요" _ 이혼의 상처를 극복하도록 돕고 싶을 때 • 187

그는 주먹 대신 언어로 상처를 줬다 _ 말로 얻은 상처가 더 아플 때 • 191

짐이 되고 싶지 않다 _ 가족의 죽음을 받아들여야 할 때 • 195

홀로 살아간다는 것 _ 사소한 것들에 화가 치밀어오를 때 • 198

도자기 하트 _ 사랑이 가득한 선물을 주고받을 때 • 201

그들에게 다가온 기회, 은퇴 _ 은퇴 이후의 삶이 두려운 이에게 • 204

수영장에서 만난 환한 웃음 _ 늙고 병드는 것을 두려워하는 이에게 • 208

엄마는 날 몰라도 내가 엄마를 알잖아 _ 친구의 부모가 치매에 걸렸을 때 • 212

오랜 안녕 _ 죽음이 서서히 다가올 때 • 217

남은 시간이 별로 없다 _ 죽음을 앞둔 친구를 찾아갈 때 • 223

특별히 기억해야 하는 날들 _ 기일을 특별하게 기념하고 싶은 사람에게 • 228

돌아보기 _ 말없이 곁을 지켜주는 것만으로도 • 231

Part 5

사랑을 떠나보내며

고양이 리오가 영원히 잠들다 _ 애완동물과 영원한 이별을 할 때 • 235

안녕이라는 이별의 말도 못했는데 _ 고인과 풀지 못한 감정이 남아 있을 때 • 239

"이제 더 이상 고통 받지 않으실 테니까 오히려 다행이에요"

_ 죽음이 오히려 안도를 부를 때 • 243

남겨진 사람들에게 특별하게 기억되고 싶다 _ 죽음을 준비하려는 이에게 • 246

아무도 알려주지 않은 이야기 _ 처음으로 가족의 장례식을 치러야 할 때 • 249

가장 좋은 계획 _ 고인의 유언을 따르기 곤란할 때 • 254

아직도 남은 일 _ 누군가의 죽음 뒤에 남겨진 일들을 처리할 때 • 257

부모는 아이를 가슴에 묻는다 _ 어린 자녀를 먼저 보낸 부모에게 • 260

브랜다와 해리, 그리고 베일 _ 사랑하는 사람이 스스로 죽음을 택했을 때 • 265

슬픔의 고통은 살아 있다는 증거 _ 다른 사람의 슬픔이 나의 상처를 건드릴 때 • 269

바로 이곳이 천국이다 _ 승산 없는 싸움을 하고 있을 때 • 272

돌아보기 _ 아무 말도 할 수 없는 순간 • 276

따뜻한 마음을 주고받기 위한
열 가지 지침

우리는 매일 대화한다. 미처 알아차리기도 전에 내가 말하고 상대방은 듣고, 다음에는 상대방이 말하고 나는 듣는, 마치 탁구 경기와 같은 리듬이 시작된다. 이번에는 내 차례, 다음번에는 상대방 차례. 핑. 퐁. 핑. 퐁. 그러는 내내 우리는 다음에 할 말을 생각한다. 결국 우리 중 한 명이 도대체 대화가 어디로 흘러가고 있는지 의아해하기 시작한다. 하지만 여전히 대화가 지속되고, 우리는 계속 말하고 듣는다. 하지만 상대방의 말이 무엇을 의미하는지 알고 듣는가? 말하지 않은 채 묻혀 있는 의미까지도 들을 수 있는가? 상대방의 감정을 꿰뚫어 들을 수 있는가? 자신이 느끼는 감정에 귀 기울일 수 있는가?

누군가가 우리의 도움을 필요로 하거나 반대로 우리가 도움이 필요할 때, 어떻게 하면 머리가 아닌 가슴에서 우러나오는 대화를 할 수 있을까?

귀 기울여 듣는다

나는 아무 말도 하지 않고 듣고만 있다. 하지만 자꾸만 궁금한 게 생기고, 내 얘기를 하고 싶어진다. 참으로 이상한 노릇이다. 아무 말도 하지 않는다고 귀 기울여 듣고 있는 건 아니다. 겉으로는 듣고 있는 것 같지만 머릿속으로는 상대방의 말에 어떻게 반응할지, 대화가 어느 방향으로 가고 있는지에 대한 생각에 묶여 있기 쉽다. 귀 기울여 듣는 것은 즉시 무언가를 알려하지 않고 눈으로, 귀로, 마음으로 듣는 것이다. 그래서 말로 표현되지 않은 것의 의미까지도 알 수 있게 된다. 그러려면 자신의 머릿속에서 계속 일어나는 생각을 잠시 멈추어야 한다.

멈추고 생각한다

말과 말 사이에는 말해야 할 시간과 들어야 할 시간이 있다. 하지만 우리는 불편한 상황에 놓이면 빨리 그 상황에서 벗어나고 싶어 한다. 그래서 다른 사람을 생각하지 못하고 무조건 떠오르는 말이나 행동을 하기가 쉽다.

상대방을 판단하거나 자동적으로 반응하기 전에 일단 멈추고 깊이 생각할 시간을 가져보자. 모든 사건에는 시기가 중요하다. 시기가 적절하다면 마음의 문은 쉽게 열릴 수 있다. 반대로 그렇지 못하다면 문이 다시 열리기까지 긴 시간이 걸릴지도 모른다. 일단 멈추고 깊이 생각하면 상대방을 위해 무언가를 해주기에 좋은 시기인지 아닌지를 결정할 수 있는 단서를 얻을 수 있다. 말하는 기술이란 적절한 시기에 적절한 말을 할 줄 아는 것뿐만 아니라, 함부로 쉽게 말하지 않는 것까지 포함한다. 침묵 속에 담긴 의미를 찾아내기 위해서 잠시라도 멈출 수 있다면 성급하게 판단하고 행동하는 것을 막을 수 있다.

영웅이 아닌 친구가 된다

힘든 사람을 돕는 것과 그 사람을 구출해내는 것은 다르다. 누구나 자신의 행동에 따르는 예기치 못한 결과를 받아들여야 할 권리와 의무가 있다. 고통을 섣불리 물리치려 해선 안 된다. 고통을 받아들이고 공포의 강을 건널 수 있는 다리가 되어주자.

위로해준다

이렇게 느끼고, 저렇게 행동해야 한다고 조언하는 건 위로가 아니다. 어떤 상황에 대해 어떤 느낌을 가져야 하는지는 법으로 정해진 것도 아니고, 어떻게 느끼든지 간에 그들은 그렇게 느낄 만한 권리가 있다. 다른 사람을 위로한다는 것은 그들을 판단하지 않는 것이다. 그들은 망가져서 고쳐야 하는 물건이 아니다. 진정한 자신의 모습을 찾고 느낄 수 있도록 여지를 남겨줘야 한다. 또한 그 사람이 어떤 선택을 하든지 당신이 곁에 있다는 점을 보여줘야 한다.

자신을 사랑한다

누군가를 돕느라 분주할 때, 우리는 자신의 내면에서 일어나는 감정의 떨림을 잊기 쉽다. 하지만 사람들은 우리가 허둥대고 있는지, 그들을 판단하고 있는지, 그들에게 동정심을 느끼고 있는지를 희미하게나마 감지하게 된다. 우리의 내면이 어떤 상태냐에 따라 우리의 도움이 그 사람에게 편안하게 느껴질 수도, 그렇지 않을 수도 있다. 어떤 상황이든 우리가 줄 수 있는 가장 큰 선물은 바로 우리 자신이다. 이것은 아무리 힘들어도 그들 곁에서 고통을 함께 나눌 것이라는 의지를 의미한다. 우리가 스스로를 사랑할 때만이 그들에게도 따뜻한 마음을 보여줄 수 있는 것이다.

오랜 시간 함께한다

변화는 혼란스럽다. 다음에 일어날 변화를 예측하고, 그에 대한 준비를 하고, 일어난 변화에 적응하는 데는 꽤 오랜 시간이 필요하다. 때로는 우리가 친구, 가족, 이웃의 편이 되어 그들 곁에 있어줄 필요가 있다.

어색한 상황일지라도 표현한다

고통 받고 있는 누군가를 볼 때 어색하고 불편한 느낌이 드는 것은 당연하다. 그런 느낌을 굳이 숨길 필요는 없다. 심지어 솔직하게 "정말 네 기분이 어떤지도 모르겠고, 내가 뭘 말해야 할지도 모르겠어. 그렇지만 정말 네가 걱정돼."라고 말하는 것도 괜찮다. 위로를 받아야 할 사람이 당신이고, 지금 당장은 아무 말도 하고 싶지 않다면, 솔직하게 상대방에게 알리는 것이 좋다. 도저히 직접 말할 자신이 없으면 글로 써도 좋다. 진심은 말로 표현해야만 하는 것은 아니다.

유익한 자원이 된다

당신이 세상의 모든 진리를 알고 있을 수는 없다. 때로는 그런 상황에 대해 잘 알고 있는 다른 사람을 소개시켜주는 것이 우리가 해줄 수 있는 최상의 도움일 수도 있다. 책이나 웹사이트 등을 알려줄 수도 있고, 심지어 시간을 갖고 자신만의 해답을 발견할 수 있도록 조용한 은신처를 마련해줄 수도 있다.

진정으로 필요한 것을 생각한다

자신에게 어떤 도움이 필요한지 잘 알고 있는 사람도 있지만, 문제만 복잡하지 어떤 해결책도 감을 잡지 못하는 사람도 있다. 때로는 자존심 문제나 여러 복잡한 사정 때문에 아예 도움을 요청하지 않기도 한다. 시간을 두고 상대방의 입장에 서서 그들에게 진정으로 필요한 것이 무엇인지 생각해보자. 만약 당신이 도움이 필요한 상황에 처해 있다면 구체적으로 어떤 도움을 받을 수 있을지 생각해보자. 그것이 가장 유익한 도움을 주고받을 수 있는 첫 단계가 된다.

연민의 마음을 가진다

전에 비슷한 경험을 했더라도 현재 벌어지고 있는 상황에 있는 사람을 완전히 이해할 수는 없다. 공감 empathy이나 동정 sympathy을 연민 (compassion : 다른 사람의 고통을 경감시키고 싶어 하는 동시에 이에 대한 깊은 인식을 갖는 마음의 상태 – 옮긴이)과 혼동하지 않기를 바란다. 당신의 경험을 얘기해주기 전에 먼저 다른 사람의 이야기에 마음을 열어놓아야 한다.

어떤 경우에도 가장 중요한 것은 바로 인내심이다. 서로를 이해할 수 있는 시간을 가져라. 상대방이 당신으로부터 이해받고 있다고 느낄 때, 멈추고 깊이 생각하여 그들을 좀더 잘 이해하게 되었을 때, 비로소 마음을 터놓는 순간이 올 것이다. 마음으로 느껴지는 연결고리를 바탕으로 위의 열 가지 원칙을 잊지 않으면, 아무리 어렵고 난처한 상황에라도 따뜻한 마음을 주고받을 수 있게 될 것이다.

Part 1

친구가 필요할 때

When You Need a Friend

_ 지쳐 있는 누군가에게 안부를 물을 때

제발, '잘 지내냐'고
묻지 말아줘

Beginning a healing conversations ●

"잘 지내요?"

우리는 이런 질문을 수시로 한다. '안녕'처럼 그저 예의상 하는 일상적인 인사다. 하지만 이렇듯 천진하게 들리는 인사말이 힘든 시기를 겪고 있는 사람에게는 오히려 더 상처가 될 수도 있다는 사실은 알고 있는가? 당신은 의외의 대답을 듣고 오히려 당황하게 될 수도 있다.

마리아의 아버지는 몇 개월 전에 돌아가셨고, 어머니는 심각한 병으로 고통 받고 있었다. 어머니는 고통이 너무 심한 나머지 차라리 편안하게 죽고 싶다는 이야기만 계속하셨다. 마리아는 오빠와 함께 어머니를 간병하며 지내고 있었다. 사람들은 여전히 그녀에게 "잘 지내요?"라고 물었다.

마리아는 자신의 마음 상태를 이렇게 설명했다.

내가 잘 지내는지 정말 알고 싶나요? 그럼 말해드리죠. 시간을 허비하고 있다는 느낌이 든다고요! 오빠에게, 의사에게 소리를 지르고 싶어요. 슬프고 공허한 느낌뿐이에요. 다른 사람들 뒤치다꺼리를 하고 그 와중에 어느 구석엔가 처박혀 있는 내 정상적인 생활을 이끌어나가야 해요. 도대체 잘 지내냐는 질문에 어떻게 대답해야 하지요? 다들 하는 것처럼 미소를 띠고 짐짓 웃는 흉내라도 내면서 한숨 섞인 말투로 "잘 지내요. 그럭저럭 버티고 있어요."라고 말할까요? 아니면 그냥 "나 정말 못 지내요. 됐어요?"라고 솔직하게 소리칠까요? 어떻게든 그 질문에 대한 대답을 피하면서 대화를 계속할까요?

나쁜 뜻이 없다는 건 알아요. 하지만 그 다음에는 어떤 일이 벌어지는지 아세요? 내가 정말 어떻게 지내는지 말하기 시작하면, 그들은 내 말을 막고 자기 얘기를 하기 시작해요. 기분을 좋게 해준다나? 때로는 내게 동정을 표하기도 하고, 조언을 하기도 하면서요. 문제를 해결하겠다고 덤비기도 하죠. "오, 그래요….."라고 말하고는 어물쩡 화제를 바꾸는 사람도 있어요.

잘 모르는 사람에게는 "잘 지내요."라고 대답할 수 있어요. 무슨 대수겠어요? 솔직한답시고 괜히 상대방을 불편하게 만드는 건 별로 좋은 일이 아니라고 생각해요. 하지만 가까운 친구에게는 정말 솔직하고 싶어요. 하지만 내게 일어나고 있는 일 때문에 그들의 마음을 너무 아프게 하면 안 되잖아요. 그래서 가능한 한 말을 아끼게 되고, 결국 내가 어떻게 지내는지 정말 알고 싶어 하는 사람은 아무도 없다는 사실을 깨닫죠. 내가 너무 우울해하니까, 친구들은 나를 위해서 상황을 해결해줘야 한다고 생각하거나, 아니면 아예 나를 피해버려요. 내가 정말 원하는 건 사람들이 내 이야기를 들어주는 거예요. 고치려 하지도 않고, 충고하지도 않고, 자기 이야기를 하지도 않고요. 방향을 잃고 이리저리 돌아다니다가 마침내 잠시 동안 기댈 수 있는 어깨가 되어줬으면 좋겠어요.

❧

마리아와 같은 처지에 놓인 사람들이 "잘 지내요?"라는 질문에 어떻게 대답할지 몰라 갈팡질팡하는 이유는 상대방에 대한 솔직함과 예의가 순간적인 줄다리기를 하기 때문이다. 이 때 "무슨 일 있어요? 내가 도와줄 일은 없나요?"라든가, "솔직히 지금은 뭐라 말해야 할지 모르겠어요. 하지만 내가 언제나 당신을 염려하고 있다는 사실은 알아줘요. 이야기할 친구가 필요하면 언제든 환영이에요."라고 말해보자. 짜증나고 지쳐 있는 상황에서 자신을 진심으로 걱정해주는 사람이 있다는 사실을 알게 되면 그냥 "잘 지내요."라고 무심히 대답하고 대화를 끝내버리지는 않을 것이다. "글쎄요. 지금은 괜찮아요. 어제는 좀 힘들었지만요." 아니면 "지금 당장은 낮잠을 좀 자고 싶고 마사지를 좀 받았으면 좋겠어요."라는 솔직한 대답을 할 수도 있다.

상대방의 말문을 여는 또 다른 방법은 당신이 뭔가 궁금해하는 게 아니라 다만 염려하고 있을 뿐이라는 점을 알리는 것이다. "당신 생각을 계속 하고 있어요.", "당신이 가고 싶은 곳으로 데려다줄게요.", "진짜로 곰곰이 생각해봤는데요, 혹시 이렇게 하면 도움이 될까요?"

일단 대화의 문을 열고 난 후에도 무슨 말을 해야 할지 막막할 수 있다. 대화는 항상 교대로 말하고 들어야 하는 것이 아니라는 점을 기억하라. 침묵을 지키며 생각을 하고 있다가 상대방의 말이 끝나면 자신의 생각을 말하는 것만이 대화는 아니다. 말을 멈추고 상대방의 이야기를 들으면서, 상대방이 무엇을 필요로 하는지, 무엇을 말하고 싶어 하는지, 그 순간 당신에게서 어떤 말을 듣길 원하는지에 주파수를 맞추는 것이다. 또한 침묵 가운데서도 편안함을 나눌 수 있는 시간을 만드는 것이다.

매우 친한 사이인 경우에는 무심하게 대하는 것이 상대방을 더 편안하게 해주는 길이라고 생각하기 쉽다. 서로 잘 알고 있기 때문에, 섣불리 걱정하는 티를 내다가는 더 상처받을 게 분명하다고 여기는 것이다. 다른 사람의 느낌을 안다고 속단해서는 안 된다. 그래서 오히려 상대방을 잘 알지 못할 때 그 사람에게 가장 필요한 것을 해줄 수 있는 경우도 있다. 아무런 판단 없이 연민을 갖고 그 사람의 이야기를 들어줄 수 있는 것이다. 만약 상대방을 잘 알고 있다면 자신의 느낌을 있는 그대로 표현하는 게 좋다. 자신을 걱정해주는 친구의 마음씀씀이에 힘을 얻게 될지도 모른다.

누구를 만나든 우리는 "안녕." 혹은 "잘 지내요?"라고 질문한다.

그것이 상대방에 대한 관심을 표하는 방법이자 대화를 여는 문이라고 생각하기 때문이다. 하지만 어려운 상황에 처해 있는 사람에게 이런 질문은 또 하나의 고통이 될 수도 있다. 직장이나 가족에 대해서 묻거나, 혹독한 시련을 겪느라 얼마나 힘든 시간을 보내고 있는지 말할 수 있도록 용기를 북돋우는 질문을 해보자. 상대방은 힘든 상황에 처해서 방황하는 사람이 아닌, 하나의 인격으로 대우받기를 원한다. 잠시나마 그들의 말에 귀를 기울인다면 그들 스스로 자기가 처한 상황을 이야기해줄지도 모른다. 그러면 잘 지내냐고 물어보는 것으로 그들을 한 번 더 괴롭게 하지 않아도 될 것이다.

여섯의 법칙

Asking for help ● 힘들어하는 사람을
도울 수 있다는 건
정말 기분 좋은 일이다. 하지만 막상 자신에게 문제가 생기면, 당장
겪고 있는 문제보다도 도움을 요청하는 일이 더 괴로운 사람도 있
다. 사실, 어려운 상황에 처해 있음을 인정하고 도움을 구하는 것은
누구에게나 힘든 일이다.

다니던 직장을 그만두고 얼마 전부터 새로운 일자리를 찾고 있는
린다는 온통 혼란스러운 상태에 빠져 있었다. 자신의 선택이 과연
옳은 것인지, 앞으로 모든 일이 잘 될 것인지, 그 어떤 것에도 확신
이 없었다. 친구들은 린다가 걱정되었지만 그녀가 어떻게 받아들
일지 몰라 그저 지켜보고만 있었다. 하지만 린다는 친구들에게 도
움을 청할 수가 없었다. 그러기에는 친구들의 삶 역시 고달파 보였
고, 이야기를 한다 해도 별 뾰족한 수가 날 것 같지 않았다. 잘 모르
는 사람들에게 이야기를 털어놓는 것이 차라리 마음 편했지만, 그

들 역시 "흐음… 그래요?"하며 더 이상 이야기를 듣고 싶어 하지 않는 것만 같았다.

어느 날, 그녀를 찾아온 친구 다알시가 물었다. "힘들면 누구를 찾니?"

사실 딱히 떠오르는 사람도 없고, 있다 해도 막상 도움을 청하기가 너무 어렵다는 린다의 말을 들은 다알시는 "여섯의 법칙이라는 게 있어."라고 말하면서 친구에게 이 소중한 개념을 알려줬다. 여섯의 법칙이란 '여섯 사람'에게 도움을 청해야 한다는 의미다. 그건 다음과 같은 가정을 전제로 한다. 당신이 도움을 청한 첫번째 사람은 바쁠 것이다. 두번째 사람은 당신의 일에 끼어들고 싶지 않을 것이다. 세번째 사람은 당신의 상황에 관심을 보이지만 무엇을 해야 할지 모를 것이다(이쯤 되면 사람들은 대부분 '그냥 내가 알아서 해야겠군.' 하면서 포기하고는 한다). 네번째 사람은 다른 사람을 소개해줄지 모른다. 다섯번째 사람은 뭔가 엉뚱한 방향으로 도움을 줄 수도 있다. 이제 당신이 지쳐서 모든 것을 포기하려 하는 그 순간에, 여섯번째 사람이 바로 "물론이죠. 걱정 말아요. 뭘 도와줄까요?"라고 말해줄 것이다.

'겨우 그거야?'라고 생각할지도 모르겠다. 하지만 속는 셈 치고 한번이라도 시도해봤으면 좋겠다. 여섯 사람에게 정중하게 도움을 요청하는 일이 당신에게 쉬운 일인지 아닌지 한번 시험해보자. 물론 부탁을 했는데 거절을 당하거나 전혀 엉뚱한 도움을 받게 되는 것보다는 차라리 아무 말도 않고 있는 것이 훨씬 더 쉽다. 첫번째 사람이 도울 수 없다거나 돕기를 거절하더라도 좌절하지 말자. 여러 사람에게 도움을 청해보면 훨씬 폭넓은 선택권이 생긴다는 사실을 깨닫게 될 것이다.

도움을 요청하기가 어려운 또 다른 이유는 다른 사람에게 빚을 지고 싶지 않은 마음 때문이다. 정작 그들이 내 도움을 필요로 할 때 내가 도와줄 수 없으면 어떡하지? 나에게 '뭔가를' 바라고 있는 건 아닐까? 난 이 대가로 뭘 해줘야 하지? 이런 내 모습을 보면 어떤 생각을 할까? 이런저런 걱정에 사로잡혀, 다른 사람에게 도움을 요청하는 것은 '거래의 시작이며 모험'이라고 믿는다.

하지만 생각해보라. 멀쩡하던 옆집 아저씨가 갑작스럽게 쓰러졌다고 치자. 아저씨와 부인을 차로 병원에 데려다주고, 아저씨가 수술을 받아 회복실에 있을 때는 애완견을 돌봐주고, 아이들을 학교에 데려다주고, 신문과 우유를 챙겨주고, 경제 · 의료 · 법률 분야의 조언자를 물색해주면서 당신의 기분이 어떨지 상상해보자. 귀찮거나 힘들까? 이웃에게 정말 도움이 되는 가치 있는 일을 하고 있다는 느낌에 뿌듯하고 행복하지 않겠는가? 그러면서도 다른 사람에게 그와 똑같은 일을 요청하기를 망설이는 이유가 도대체 뭐란 말인가?

도움을 요청하는 것은 그저 우리도 약한 인간일 뿐이라는 사실을 나타내는 표현이다. 당신이 괴로운 시간을 보내고 있다는 사실을 알게 될 때 친구는 오히려 당신과 더욱 가까워졌다고 느낄 것이다. 당신도 자신과 똑같은 어려운 일을 겪고 그 일 때문에 힘들어한다는 사실을 알게 되기 때문이다. 그리고 그렇게 힘든 시기에 자신을 떠올려주었음을 오히려 감사하게 여길 수도 있다. 대부분의 사람들은 문제를 혼자 해결하는 것이 다른 사람들의 수고를 덜어주는 일이라고 생각한다. 하지만 생각을 바꿔보자. 누군가의 도움을 받아들이면, 오히려 우리가 그들에게 선물을 주는 셈이 된다. 그들은 다른 사람을 위해 무언가를 해준다는 즐거움을 누릴 수 있기 때문이다.

어느 여름, 나는 발을 다쳐 수술을 받아야만 했다. 의사는 수술 후 며칠 동안은 걸을 수 없을 테니 곁에서 간호해줄 사람을 찾아보라고 말했다. 내가 처음으로 도움을 청한 두 사람은 가족과 함께 휴가를 가야 했다. 세번째 사람은 밤이면 집으로 돌아가야 했다. 네번째 사람은 수술날짜를 조정한다면 간호해줄 수 있다고 했다. 다섯번째로 부탁한 사람이 내 여동생이었다. 동생은 나를 간호해주기 위해서 기꺼이 자기 일정을 모두 조정했다.

수술 후 회복을 도와주기에 내 여동생만한 사람은 없었다. 동생은 통증과 치유에 관한 한 모르는 것이 없는 간호사였기 때문이다. 나는 이제까지 한 번도 동생에게 도움을 청한 적이 없었다. 그래서인지 처음에는 먹을 것을 만들어 달라든가 찜질팩을 갖다 달라든가 하는 일로 동생을 부르는 일이 쉽지 않았다. 그런 사소한 일들로 도움을 청해야 하는 나 자신이 너무나 무기력하다는 느낌이 들었다. 하지만 동생은 나를 편안하게 해주는 일이 너무 좋다고 말했다. 전혀 안면이 없는 사람에게 이런 일을 해주는 것이 자기 직업인데, 하나밖에 없는 언니를 보살펴줄 수 있다는 것이 얼마나 소중한지 모른다고 말이다. 나는 한 번도 그렇게는 생각해본 적이 없었다.

나를 돕게 되면서 동생이 얻은 수확이 있다면, 가족에게서 떨어져 잠시 쉴 수 있게 되었다는 점이다. 동생은 가족들을 사랑하긴 했지만, 병원에 다니랴 남편과 아이들 뒷바라지하랴 도무지 쉴 틈이 없었던 것이다. 동생은 수년 만에 처음으로 정원에 앉아서 마음 놓고 책을 읽을 수 있었다. 공부나 일 때문이 아니라 순수한 즐거움을 위해서 말이다. 우리는 정원에 앉아 손에 책을 쥔 채 서로를 쳐다보면서, 어렸을 때 침묵 속에서 함께 책을 읽었던 시간이 얼마나 소중했었는지 떠올리며 미소를 나눴다. 동생은 덕분에 자신을 더 잘 돌보는 방법에 대해서 생각할 시간을 가질 수 있었다며 오히려 나에게 고마워했다.

동생과 함께 있었던 시간은 그 자체만으로도 충분히 소중했다. 내가 즉시 뭔가로 보답하려 했다면 동생의 기쁨을 망쳐버렸을지도 모른다. 물론 호의에 보답하는 것도 좋은 일이다. 하지만 도움을 받자마자 돌아서서 "자, 이제 내가 도와줄게요."라고 말한다면, 당신을 도와준 사람의 흐뭇한 행복을 빼앗아버리는 일이다. 다른 사람의 도움을 받아들이는 방법을 배운다면 그 자체만으로도 그들에게나 당신에게 선물이 된다.

_ 갑작스런 상실을 겪을 때

한 번도
안아보지 못한 내 아기

After a sudden loss ●   그의 따뜻한 목
소리가 힘없이
전화선을 타고 흘렀다. 그를 못 본 지도 몇 달째였다. 몇 번의 교통
사고로 부상을 입고 나서 내 마음은 엉망으로 엉켜 있었다. 그 매듭
을 풀어주려 했던 것이 그였다. 내게 현실을 직시하라고 압력을 넣
으면서 말이다.

그런데 오늘은 그가 전화를 걸어서 사과를 했다. "재활치료 비
용은 곧 돌려 받을 수 있을 거야. 그런데 말야, 집사람이 유산을 하
고 말았어. 보험금 청구서를 작성해두긴 했지만… 아직 보내지 못
했어."

나는 이렇게 말했다. "데릴, 정말 힘들겠구나. 아기는 몇 개월이
었는데?"

"11주." 내가 입을 열었다는 사실에 놀란 듯 그는 계속 말을 이
었다. "의사 말로는 아기에게 문제가 많았대. 음, 신의 뜻이겠지."

그는 계속 말을 이었다. "믿기지 않는 일이지만, 유산했다는 사

실을 안 순간부터 직장동료들이 집사람을 슬슬 피한대. 하루는 퇴근해서 자기가 마치 전염병자나 된 것 같은 느낌이 들었다고 말하더라고. 아무도 집사람 근처에 있고 싶어 하지 않는대. 무슨 위로의 말을 해야 할지 몰라서 피하는 것 같은데 집사람에게는 그 편이 더 고약하게 느껴지는 거지."

"이런, 너무 힘들겠다. 그냥 이해해주기만을 바랐을 텐데." 아기를 잃은 아빠들도 자신의 느낌을 말해야 한다고 일러준 오랜 친구의 이야기를 꺼내며 나는 말을 이었다. "그 친구는 한 번도 안아보지 못한 아들을 잃은 데 대해 아직도 슬퍼하고 있어. 10년도 넘은 일인데."

데릴이 말했다. "맞아, 그래. 남자들도 충분히 슬프다고. 아니, 그 이상이야. 사람들도 그걸 알아야 해."

아기를 잃은 후에 마음의 상처를 치유하고 있는 중이라면 다시 또 그런 일을 겪게 될까봐 두려워하고 있을 것이다. 다시 아기를 가지는 것이 좋은 생각인지 아닌지 혼란스러워하고 있을지도 모른다. "왜 하필 나야?" 하고 반문할지 모른다. 당연한 의문이다. 하지만 그런 의문에 꼭 대답이 필요한 건 아니다. 다만 믿기지 않는 현실에 대해 울분을 토할 수 있도록 고개를 끄덕여주면 된다.

친구들이 당신에게 "왜 하필 나야?"라고 묻는다면 이렇게 대답해보자. "그러게. 왜 너에게 그런 힘든 일이 벌어진 걸까.", "이유를 알게 된다고 기분이 나아질까?" 친구는 "휴… 어느 정도는 내 잘

못이라는 느낌이 들어." 하는 반응을 보일지 모른다. 혹은 "이해할 수가 없어. 말도 안 돼!"라고 말할 수도 있다. 친구는 상황을 받아들이지 못하고 끓어오르는 분노를 가까스로 참고 있을 것이다. 그렇다면 매우 부드럽게 당신이 본 그대로 말해준다. "정말 화나는 일이지." 아무런 판단도 내리지 말고 잠시 멈추어 시간을 둔다. 친구는 그렇다고 수긍을 하거나 "아니야, 처음에는 화가 났지만 지금은 그저 슬플 뿐이야. 그것도 너무너무…."라고 말하며 더 깊은 감정을 이야기할지도 모른다.

얼굴을 마주하면서 상대방의 감정에 관심을 기울이면, 당신이 그들과 함께한다는 사실을 알려줄 수 있다. 설사 그 고통을 똑같이 느낄 수는 없다 해도 말이다. 물밀 듯 밀려오는 슬픈 감정을 쫓아버리지 않고 그대로 느껴도 된다는 점을 알게 하면, 그들은 자녀에게 품었던 희망, 사랑으로 성장해갈 어린 자녀에게 걸었던 꿈에 대해 말하기 시작할지 모른다. 유산했다는 사실에 대해 당장은 말하고 싶어 하지 않을 수도 있다. 내 친구 재니스는 유산 직후 "나는 아기를 잃은 것이 아니야. 11주 된 태아였을 뿐이야."라고 짐짓 담담한 표정으로 말했다. 하지만 몇 년이 지난 후에, 자신이 상실과 낙심으로 인한 고통을 피하려고 '유산'을 일종의 의료적인 상황으로 가볍게 넘기려 했다는 사실을 깨닫게 되었다. 몇 년이 흐른 후에야 비로소 가슴 속에 묻어왔던 고통에 대해 누군가에게 말을 할 수 있게 되었던 것이다.

어려운 시기를 겪는 사람의 말을 들어주고 싶어도, 그 사람이 자신의 이야기를 하고 싶어 하는지 아닌지조차 가늠하기 어려운 경우가 많다. 진심으로 들어줄 사람이 없다고 느낄 것만 같다. '이야기한다고 해서 뭐가 달라져? 누구도 아무것도 해줄 수가 없잖아.' 하지만, 자신의 삶 속에 누군가가 걸어 들어와 함께 나누는 시간이 그 사람에게도 가장 중요한 일이라는 사실을 알게 된다고 생각해보자. 아무것도 달라지지 않는다 해도, 아마도 가슴 뭉클한 축복의 순간이 될 것이다.

진심은 마음
저 너머에 있다

What comports you may not comport someone else ● 조용한 성격의
브라이언이 어
렸을 때 살해당한 누나 이야기를 털어놓았을 때, 그 자리에 있던
모든 사람들은 충격을 받았다. 2년이나 모임을 같이 해왔지만, 브
라이언에게 그런 경험이 있다는 사실은 아무도 몰랐던 것이다.

마음의 상처가 되살아나면서 그의 목소리가 분노로 조용히 떨렸
고, 얼굴은 일그러졌다. 자세한 이야기는 하지 않았다. 아니 자세한
이야기 자체는 중요하지 않았다. 그는 내게 "감당할 수 없는 일을
당한 사람에게 해줄 수 있는 게 뭔지 알아요? 동정 같은 게 필요하
다고 생각해요?"라고 물었다.

"동정이라뇨?" 내가 물었다.

"그래요, 동정이요." 브라이언은 거의 내뱉듯 말했다. "내 고통
을 이해한다고, 자기들도 얼마나 아픈지 모른다고, 끊임없이 말하
는 것 말이에요. 값싼 동정은 정말 필요 없었어요. 제발 나를 그냥
내버려뒀으면 했다구요."

갑자기 끄윽… 끄윽…, 흐느끼는 소리가 들렸다. 브라이언의 아내 셰릴이었다. 두 사람은 1년 전쯤 결혼했고 여느 신혼부부들처럼 서로를 알아가는 단계를 거치고 있었다. "그래서 내가 화를 낼 때마다 나를 혼자 내버려뒀던 거야, 그렇지?" 셰릴이 남편에게 물었다.

"맞아. 내가 당신을 동정하고 있다고 느낄까봐 싫었어. 혼자 있고 싶어 할 거라고 생각했기 때문에 자리를 떴던 거야." 브라이언의 대답이었다.

셰릴은 눈물을 흘리며 이야기했다. "세상에, 당신은 공감과 동정을 혼동했던 거야. 사람들은 자기도 얼마나 슬프고 아픈지 당신에게 알려주려 했던 것뿐인데…. 당신은 그걸 값싼 동정으로 치부해버린 거지."

브라이언은 아내의 말이 옳다는 것을 깨달았다. 그는 아내가 힘든 시간을 보내고 있을 때마다 아내를 혼자 남겨둔 채 자리를 떴다. 따스하게 안아주기는커녕 자기 마음도 아프다는 걸 말해주지도 않았던 것이다. 아내에게는 누구보다도 자신의 위로가 절실했던 그 순간에 말이다!

'받고 싶은 대로 해주라'는 말을 들어본 적이 있을 것이다. 브라이언은 아내가 힘들 때면 그녀를 위해 일부러 자리를 피해주었다. 자신이 알고 있던 세계가 산산이 부서졌던 그 옛날, 자신에게 절실히 필요했던 것이 바로 혼자 있는 시간이었기 때문이다. 누나가 죽었을 때 브라이언은 평온함과 침묵을 원했다. 아무리 선한 의도라 해도 "내 마음도 정말 아프단다"는 식의 말을 듣는 게 정말 싫었다.

그저 사람들이 자신을 동정하고 있다고 느꼈을 뿐이다. 오랜 세월이 흐른 후, 우연히 누나의 이야기를 털어놓음으로써 그는 어린 시절 입었던 마음의 상처뿐 아니라 셰릴과의 어긋난 관계도 극복할 수 있었다.

감정이 북받친 상태에서 "안됐다"는 말을 들으면 위로가 아닌 동정으로 받아들이기 쉽다. 그날 이후로 나는 사랑하는 사람을 잃은 사람 앞에서 "내 가슴이 다 찢어진다"는 말이 튀어나오려 할 때마다 자신을 자제하려 노력했다. 잠시 멈추어 시간을 두고 나서, "나도 그가 보고 싶어요." 하는 식으로 내 감정을 표현하는 말을 건넸다. "믿을 수가 없어요. 지난주만 해도 함께 저녁식사를 했었는데…." 세상을 떠난 사람이 내게 어떤 의미였는지 짧게 얘기할 수도 있다. "그 분의 가르침은 제 삶에 커다란 변화를 가져왔습니다." 무의식적으로 반응하기 전에 잠시 멈춰보자. 비록 순간적으로 머뭇거리는 것처럼 보이고 어색한 분위기가 되더라도 말이다. 그저 상투적인 위로의 말을 건네는 것이 아니라 시간을 들여 진지하게 마음으로 느끼고 있다는 사실을 알려줄 수 있을 것이다.

사랑하는 사람을 잃는다는 건 정말이지 엄청난 일이다. 이러한 상실을 어떻게 겪어내느냐가 평생 우리의 관계에 영향을 미칠 수 있다. 억눌린 좌절의 세월을 다른 사람과 공유하는 순간, 셰릴은 아주 중요한 사실을 깨달을 수 있었다. 자신이 고통을 받고 있을 때 브라이언이 자리를 떴던 것은 관심이 없었기 때문이 아니었다. 자신의 인생경험에 비추어 그렇게 하는 것이 최선이라 여겼던 것뿐이다.

　우리는 인생을 살면서 서로 다른 방식으로 상실을 겪으며 성장한다. 갑작스런 이별을 겪게 되면, 그 납득할 수 없는 현실 때문에 우리를 위로하려는 사람들의 선한 의도를 받아들일 여유조차 사라지게 마련이다. 인생에 대해서 좀더 배우게 되면서, 그건 모두 우리의 상처를 보듬어주려는 따뜻한 마음임을 깨닫게 된다.

　하지만 원하는 것을 얻지 못하는 이유가 서로 다른 삶의 질곡을 겪은 것과는 아무 상관이 없을 때도 있다. 자신에게 필요한 것을 상대방도 당연히 알고 있으리라 여기고 분명하게 이야기하지 않았기 때문인지도 모른다. 어떤 계기를 통해서든 서로의 방식이 어긋나버린 이유를 알게 되는 기회가 생긴다. 서로 다르게 세상을 보고, 무엇을 원하는지 다르게 표현하는 데는 그럴 만한 이유가 있을 거라는 사실을 발견할 수 있는 기회 말이다. 브라이언은 아내가 힘들어할 때 어떻게 해야 할지 깨달았다. 아무 말도 필요 없었다. 아내는 그가 그저 부드럽게 안아주기만을 바랐을 뿐이다.

_ 친구에게 용기를 주고 싶을 때

터널 끝의 빛을 향해

Being a light at the end of the tunnel ● 월요일이면 어 김없이 도착해 있었다. 내가 어느 곳에 있든, 그들에게 무슨 일이 일어나든.

"안녕, 친구. 네가 어디 있건 우리가 너를 생각하고 있다는 것을 알려주고 싶었어. 지금은 상황이 상당히 괴로워 보여도, 왜 있잖아, 터널의 끝에는 빛이 있게 마련이라는 말. 터널을 통과해서 밝은 세상으로 나갈 수 있는 날도 올 거야. 괜찮아질 거야, 친구야. 내 맘 알지?"

내 삶에서 가장 혼란스러운 시기에 처해 있을 때면 거의 매주 음성사서함에 이런 메시지가 도착한다. 내 친구이자 동업자인 로간과 그의 아내 론다가 꾸준히 해오고 있는 일이다. 이 메시지를 통해 나는 그들이 언제나 내 생각을 해준다는 것을 자연스럽게 알았다. 어린 시절, 론다가 무서운 꿈을 꾸거나 친구들에게 놀림을 받고 울고 있을 때면 할아버지가 그녀를 안고 언제나 이런 말을 해주었다고 한다. "괜찮아질 거야, 우리 아가."

이런 평범한 말이 도대체 무슨 대수냐고 반문할지도 모르겠다.

자, 너무나 바쁜 삶과 끊임없이 계속되는 스트레스 때문에 밥숟가락을 들 힘조차 없을 정도로 완전히 지쳐버려서 삶의 의미조차 잃어버렸을 때가 있지 않은가? 그럴 때 우리는 삶의 나침반을 잃어버리고, '내가 왜 사는지, 어디로 가고 있는지' 아무것도 알 수 없는 혼란스러운 감정에 빠지고 만다. 바로 그것이다. 로간 부부가 보내주는 메시지는 나에게 어디로 가야 하는지 알려주는 나침반과 같았다. 그리고 그 순간 나를 사랑해주는 사람이 있다는 것을 알 수 있게 해주었다.

그저 친구의 곁에 있어주는 것이 당신이 할 수 있는 전부일 때가 있다. 괴로워하는 친구에게 물이 반쯤 차 있는 유리잔을 들여다보며 '긍정적으로 생각하라' 고 강요하지 않도록 하자. 이래라 저래라 충고하지 않고 진심에서 우러나는 격려를 해주는 거다. 당신이 보내는 메시지에는 말만 담겨 있는 것이 아니다. 말 뒤에 있는 에너지도 담겨 있다.

로간과 론다의 메시지 뒤에는 나를 신뢰하는 그들의 에너지가 담겨 있었다. 그들은 조각조각 부스러지고 있는 내 삶을 바로잡아보려고 애쓰지 않았다. 대신 내가 어떤 것도 믿지 못하는 혼란스러운 상황에 얼마간 머물러 있을 수 있도록 따뜻한 마음을 베풀어주었다. 그들은 나와 이야기하면서 내 감정에 빠져들거나 반대로 벗어나는 일도 하지 않았다. 나를 믿고 우주를 신뢰하기 때문에 이 곤경을 내가 어떻게든 헤쳐 나갈 것이라 믿었다. 로간과 론다의 메시지는 마치 태엽장치처럼 규칙적으로 도착한다. 그건 자그마한 '관심 꾸러미' 다. 때로는 이것이 우리가 베풀 수 있는 전부이며, 이것만 으로 이미 충분하다.

_ 두려움에 떨고 있는 아이에게

괜찮아질 거예요.
그렇죠, 엄마?

Helping children face their fears and yours ● 얼마 전 친구 질이 나에게 이메일을 보내왔다. 메일을 읽으며, 나는 가족이 위기를 겪을 때 아이가 느끼는 감정에 대해 곰곰이 생각해볼 기회를 얻을 수 있었다.

✍

두 달 전쯤, 딸들에게 강아지를 한 마리 사줬어. 이름은 윌리인데, 특히 맏딸인 앤이 무척 좋아해. 학교에서 돌아오면 쪼르르 달려 나오는 윌리를 안고 이런저런 이야기를 하기도 하고, 산책을 시키고 공놀이도 하고. 앤의 친구들도 윌리를 무척 좋아하지. 앤과 윌리는 밤에도 떨어지지 않고 같이 잠들고는 해.

지난주 목요일 오후였어. 세 시쯤에 남편이 전화를 했는데 목소리가 떨리고 겁에 질려 있는 거야. 그리고는 이렇게 말하더라. "큰일 났어. 지금 동물병원인데, 윌리가 많이 아파. 상태가 심각한 것 같아."

글쎄, 원인을 알 수 없지만 월리의 장이 꼬였대. 꼬인 장이 저절로 풀리지 않으면 수술을 받게 하거나 안락사 시킬 수밖에 없다는 거야. 수의사가 월리를 진찰하고 검사하는 동안 앤은 몇 시간이고 월리에게 말을 건네고 앞발을 꼭 붙잡아줬대. 앤을 좀 쉬게 하고 싶어서 남편이 대신 곁에 있어주려 했지만, 그러면 월리가 눈도 뜨지 못하는 거야. 그래도 앤이 곁에 있을 때는 가까스로 눈을 뜨고 희미하게나마 가르릉대기도 했대.

내가 도착했을 즈음에는 상태가 더욱 심각했어. 월리는 꼼짝도 못하고 가쁜 숨을 몰아쉬고만 있었지. 눈에는 공포와 고통이 그득했어. 너무나 강렬한 감정이 속에서 복받치는 순간이었어. 24시간 전까지만 해도 앤과 함께 온 집안을 돌아다니며 말썽을 피웠는데…. 나는 월리의 곁에서 앤과 함께 흐느꼈어. 무서웠어. 앤이 나를 보며 이렇게 묻더라.

"엄마, 얘가 괜찮아질까요?" 두 눈에는 눈물이 그렁그렁 고인 채 말이야. 그 순간 딸에게 해줄 수 있는 말이라고는 이것밖에 없더구나.

"얘야, 나도 잘 모르겠구나."

우리 가족은 월리에게 수술을 시키기로 결정했어. 월리가 다시 뛰어다닐 수 있을까? 고통을 안고 살아가야 할까? 이런 악몽을 다시 경험하게 되지는 않을까? 앤은 이제 겨우 일곱 살인데 왜 이렇게 빨리 가슴 찢어지는 경험을 해야 하는 거지?

남편과 앤, 수의사는 윌리를 차에 싣고 병원으로 출발했어. 나는 작은 딸 다이앤과 함께 자동차로 뒤따라갔는데, 병원까지 운전해 가는 45분 동안 계속 눈물을 쏟았어. 음악도 틀 수 없었고 말도 할 수 없었지. 참담한 심정을 나누는 침묵만이 흘렀어. 병원에 도착하자 윌리의 수술준비가 시작됐어. 그런데 의사가 우리더러 수술장면을 지켜보라고 하는 거야. 나는 깜짝 놀라서 싫다고 했지. 남편이 먼저 수술실로 들어갔어. 남편이 곧 대기실로 오더니 윌리가 수술대에 누워 있는 게 꼭 장난 같다고 하더라. 바닥에 등을 대고 누워서 다리를 공중에 버둥거리며 배를 긁어달라고 하는 것처럼 말이야. 그러자 당돌한 다이앤이 아빠와 함께 수술실에 들어갔지. 앤과 나는 창문 쪽 자리에 앉아 있었어. 앤은 내 손을 꼭 잡으면서 또 물어보는 거야. "윌리는 괜찮아질 거예요. 그렇죠, 엄마?" 이번에는 나를 쳐다보지 않더라. 그저 고개를 떨군 채 빨갛게 상기된 뺨을 타고 눈물이 주르륵 흘렀어. 따끈따끈한 손으로 내 손을 꼭 쥔 채로. 이번에도 나는 대답을 할 수가 없었어.

딸의 질문에 대답할 말을 찾기도 전에 의사가 소리를 질렀어. "와, 이것 보세요! 이젠 고칠 수 있어요!" 나는 마음을 다잡고는 여전히 내 손을 꼭 쥐고 있는 앤과 함께 수술실로 들어갔지. 아무 영문도 모르고 고통 받고 있는 동물 앞에 서 있는 것은 분명 너무도 괴로운 일이었지. 하지만 수술실에서 두 딸과 남편과 나란히 서서 의사가 윌리의 꼬인 장을 하나하나 풀고 제자리에 놓는 과정을 지켜보는 것은 정말 놀라운 순간이었어.

금요일 오후에, 우리 가족은 모두 윌리의 병문안을 갔어. 수술을 마친 지 24시간도 채 되지 않았는데 벌써 일어서서 왕왕 짖으며 앤을 반기더라. 먹이에도 한껏 욕심을 내고 말이야. 앤은 윌리의 몸을 스펀지로 닦아주고 털을 빗질해주었지. 힘을 되찾은 앤과 윌리를 지켜보는 것은 정말 특별한 순간이었어. 그래, 정말 기적 같았어! 세월이 흐른 후에 앤과 다이앤이 기적의 순간을 기억하면서 우리 가족이 위기와 회복의 순간을 함께했었다는 추억을 되살린다면 정말 재미있을 거야.

모든 것이 잘 될 거라는 어린 아이의 순수한 믿음은 정말 감동적이야. 딸들은 그저 단순하게 윌리를 낫게 하려면 어떡해야 하는지 물었어. 난생 처음으로 죽음의 위협에 맞닥뜨렸는데도 말이야. 아이의 티 없는 희망은 정말 아름다워.

❧

질은 중환자실에서 간호사로 일하면서 아이들과 그 가족들과 많은 시간을 함께 보냈다. 어른들은 대부분 무엇이 잘못되었는지, 무슨 일이 일어날지 자세하게 모두 알고 싶어 하는 반면에, 아이들은 그렇지 않다고 한다. 아이들에게도 필요한 정보를 가능한 한 많이 주는 것이 좋지만, 중요한 것은 아이들이 이해할 수 있는 정도를 넘으면 안 된다는 것이다.

"부모는 아이를 안심시키고 싶어 해. 그래서 감정을 속에 꽁꽁 묶어놓지. 하지만 이건 아이들을 과소평가하는 거야. 아이들이 얼마나 민감한데. 비록 정확하게는 몰라도 뭔가 잘못되어가고 있다는 것쯤은 감지하고 있어. 그래서 딸애가 강아지가 괜찮아질까 내게 물었을 때 잘 모르겠다고 대답한 거야. 그게 사실이었거든. 정말 딸애의 눈을 들여다보면서 모든 것이 잘 될 거라고 말해주고 싶었어. 하지만 나에겐 딸애에게 진실을 말해줄 책임이 있는걸. 희망을 가지고 있긴 했지만 나 역시 무서웠거든. 내 두려움을 보여주고 나니까 딸애가 얼마나 무서워하고 있는지 알 수 있었어. 그래서 우리는 서로 위로해줄 수가 있었지."

나는 질에게 이런 질문을 했다. "만약 윌리의 생명을 구할 방법이 없었다면…?"

"윌리가 너무나 고통스러워하고, 수의사가 수술을 할 수도 없었다고 딸애에게 설명을 해줬을 거야. 차라리 안락사를 시켜서 윌리가 더 힘들어하지 않게 도와주는 게 낫지 않겠냐고 말해줘야겠지. 물론 윌리를 사랑하기 때문에 이렇게 해야 한다는 점도 설명하고. 아, 정말 생각도 하기 싫지만… 만약 그런 일이 닥치게 되면, 아이들에게 작별인사를 할 기회를 줘야 해. 그토록 사랑하던 애완동물이었는데, 작별인사조차 할 수 없었다면 아마 그 죽음을 받아들이지 못할 거야. 사람도 마찬가지겠지. 아마 그 상실감은 이루 말할 수 없을걸. 평생 가슴에 멍으로 남을 수도 있어."

부모도 슬픔과 두려움을 느끼는 건 아이들과 마찬가지다. 솔직하게 그런 감정을 아이들에게 보여주면, 아이들도 그 상황에서는 슬프고 두려운 것이 당연하다고 안심하게 된다. 어른들이 솔직한 감정을 숨기면, 아이들에게도 똑같이 하라고 가르치는 것이다. 아이들은 힘들고 괴로워도 부모나 친구들에게 아무런 말도 할 수 없게 된다. 어렸을 때뿐만 아니라 일생동안 내내 말이다.

_ 내가 해결책을 찾아줄 수 없을 때

위로의 다리

When you don't have answers ● 화학요법? 한 친
구가 전화를 걸
어서 지금 화학요법을 받고 있는데 너무 힘들다는 말을 하기 전까
지, 나는 그게 정확히 뭔지도 몰랐다.

"아무도 치료가 이토록 힘들 거라고 말해주지 않았어." 전화로
들려오는 친구의 목소리는 거의 꺼질 듯 했다. "마치 생명이 내 몸
에서 빨려 나간 것 같은 느낌이야. 모든 것이 말라버린 것 같아. 잠
을 잘 수가 없고, 정신은 몽롱하고, 음식도 삼킬 수가 없어. 먹기만
하면 속이 메슥거리고, 약을 먹으면 끔찍한 부작용까지…! 지금 내
몸무게가 얼만 줄 아니? 39kg야! 휴… 이제는 아무도 나를 도와주
고 싶어 하지 않는 것 같아."

나는 "뭐라고 말해야 할지 모르겠구나."라고 말했다. "화학요법
이 끔찍하다는 이야기는 들었지만 그 정도인 줄은 몰랐어. 의사도
최선을 다하고 있겠지? 당장 어떻게 말해야 도움이 될지 모르겠어.
음, 화학요법을 받아본 적이 있는 친구를 한 명 알아. 그 사람과 한

번 이야기해볼래? 일단, 먼저 물어보고 연락해줄게."

　사실 내가 안다고 한 친구 리처드는 화학요법을 받았던 끔찍한 경험에 대해 말하고 싶어 하지 않았다. 몇 해 전 림프종과 싸우면서 치료에 대해서는 절대 아무 말도 하지 않을 거라고 아주 분명하게 말했었던 것이다. 그래서 더욱 조심스러웠다. '괴로운 시기는 다 지나갔잖아. 이제 그는 건강해. 지금쯤이면 치료에 대해 이야기해도 괜찮지 않을까?'

　고민 끝에 나는 결국 전화를 걸어 음성메시지를 남겼다.

　"말기암 판정을 받은 친구가 있어. 그 친구가 화학요법 때문에 너무 괴로워해. 어떻게 하면 화학요법을 잘 넘길 수 있는지 네가 몇 가지 조언을 해줄 수 있을까? 그 친구는 아주 엄격한 식이요법을 따르고, 일정하게 투약을 해야 한대. 구토가 너무 심해서 마지막 남은 기운마저도 몽땅 빠져나가는 것 같대. 게다가 요즘 들어 감자튀김이나 아이스크림 같은 음식이 왜 그렇게 당기는지, 정말 미치겠다는 거야. 리처드, 다시 생각하고 싶지 않은 기억인 건 알아. 하지만 그 친구가 너무 힘들어하는데, 나는 아무 것도 모르잖아. 뭔가 도울 수 있는 방법이 없을까?"

　내가 리처드에게 도움을 구한 건 기대 반 의심 반이었다. 치료에 대한 이야기만 나오면 "다른 얘기를 하자"며 단호하게 말을 끊던 리처드가 다시 그 이야기를 하려 할까?

　얼마 지나지 않아 리처드가 내 친구에게 보여주라며 놀라운 내용의 이메일을 보내왔다.

‘긍정적인 마음을 가져라’, ‘명상을 하고 긴장을 풀어라’ 이런 말 많이 들으셨죠? 뭐, 그런 게 도움이 되는 건 사실이지만 그것도 다 건강할 때 이야기죠. 마음이 그토록 불안하고 초조한 상태에서는 약물치료도 아무런 효과가 없을 겁니다. 저 또한 완전한 무기력감과 참담한 심정에 사로잡혀서 침대에서 일어날 기운조차 없었습니다. 하지만 3~4일 정도는 기분이 좀 괜찮더라고요. 그 후에는 다시 화학요법의 끔찍한 순환주기가 시작되었습니다. 구토가 나고, 설사를 하고, 사지가 늘어지고, 무기력감이 들었죠. 하지만 ‘상태가 좋은 날’이 곧 올 거라 믿고 견뎠어요. 여기저기 움직여야 합니다. 앉아만 있어서는 안 돼요. 저는 그럴 때면 침대에서 벌떡 일어나 아파트 주위의 산책길을 걷곤 했습니다.

나가서 감자튀김에 케첩을 묻혀서 먹기도 하고 햄버거도 드세요. 아이스크림이건 피자건 좋아하는 음식을 먹고 맛을 음미하세요. 이런 음식에 지방이 많기는 하지만, 체력을 키우고 몸에 필요한 영양소를 제공하기도 합니다. 움직일 연료를 공급해줘야 몸도 암이나 화학요법에 맞서 싸울 힘을 얻지요. 물론 지나치게 먹지는 마시고요.

아무리 불치병이라도 의지를 가지고 기적처럼 이겨냈다는 이야기는 들어봤겠지요. 지금 당장은 방법이 없을지 몰라도 굳게 마음을 먹고 이리저리 궁리해본다면 언젠가는 거짓말처럼 나을 수도 있습니다. 할 수 있는 것은 무엇이든 하세요. 싸우고, 전략을 세우고,

정보를 구하고, 이겨내십시오. 그래도 결국은 마지막을 맞게 될 거라는 생각이 든다면, 그냥 살아가십시오. 무엇이든 원하는 것을 하면서 말입니다. 최소한 어떻게 될지는 알고 있질 않습니까.

제가 화학요법을 받던 중에 터득한 명상법을 알려드릴게요. 당신에게만 알려드리는 비밀이에요.

누워있을 때는 아무 생각도 하지 마세요. 전부 비우세요. 무의식적으로 이런 '빈' 상태로 들어가는 데는 시간이 좀 걸립니다. 이런저런 상황에 대해서는 잊어버리고 오직 몸과 호흡에 대해서만 생각해봐요.

이제 좀 어려운 부분으로 넘어가는데…. 몸의 긴장을 풀고 나면, 마음속에 그림을 그립니다. 의외로 재미있을 거예요! 제가 좋아하는 그림은 이겁니다. 건장한 남자들이 하얀 옷을 입고 마치 군인처럼 정렬을 합니다. 거대한 기중기, 화약, 곡괭이 같은 온갖 종류의 도구를 갖고 말이죠. 그들은 내 몸 안에 있는 투사들입니다. 한편, 검은 옷을 입은 사람들도 있어요. 내 혈관 속에 있으면서, 혈관 세포를 입에 한가득 물고 우물거리는 '나쁜 암' 덩어리를 상징하죠. 나의 투사들이 검은 옷을 입은 나쁜 놈들을 흠씬 패주는 그림을 그려요. 검은 편보다는 하얀 편이 수적으로 훨씬 우세해서 늘 이깁니다. 그들은 열심히 싸우고 나는 숨을 쉬게 됩니다. 정말 통쾌하지 않나요? 내 호흡이 느려집니다. 화학요법의 영향으로 통증이 느껴집니다. 그리고는 약간 메슥거립니다. 그러다가 증상이 일시적으로 사라집니다.

그러면 어느 순간엔가 마치 마술처럼 낮잠을 자게 됩니다! 이건 정말 대단한 겁니다. 낮잠을 자다니요! 언제나 원할 때 낮잠을 주무세요. 몸이 화학요법에 맞서서 싸우고 있는 중입니다. 독성이 있는 원수와 싸우고 암 세포를 공격하는 전투를 벌이고 있습니다. 마음을 강하게 먹고, 무엇이든 시도해보십시오.

꽃

대부분의 암 환자들은 지독한 고독을 느낀다. 리처드도 마찬가지였다. 동정어린 시선이 싫어서, 마음에 부담을 주기가 싫어서, 그는 치료와 회복의 순간에도 사람들에게 자신의 상황을 이야기하지 않았다. 그에게 도움을 요청할 용기를 얻을 수 있었던 건 정말 감사한 일이다. 리처드는 마치 의학 전문가처럼 굴지 않았다. 용기와 유머, 창의성으로 병을 극복해낸 자기 경험을 내 친구에게 알려준 것이다. 리처드 자신도 크나큰 선물을 받은 느낌이라고 했다. 끔찍하게만 여겼던 자신의 경험이 정말 가치 있는 일이었다는 사실을 깨달았던 것이다. 게다가 자신에게도 누군가를 돕기 위해 굳게 닫힌 마음을 여는 큰 용기가 있다는 사실을 처음으로 알았다.

나는 서로 알지 못했던 두 사람 사이에 위로의 다리를 놓아주었다. 그 일은 나에게도 커다란 축복의 경험이었다.

_ 낯선 사람의 호의가 당황스러울 때

뜻밖의 선물

Accepting help from a stranger ● 굉장히 세련된 프
랑스 영화에서 튀
어나온 듯한 멋들어진 고급 음식점. 세 명의 여성이 음식을 주문하
기 위해 줄을 서 있었다. 불현듯 한 신사가 다가오더니 그 중 한 여
인에게 "실례합니다. 이 말을 꼭 해야겠습니다. 당신은 정말 아름
답습니다."라고 말하고는 가버렸다.

동행한 친구들은 기분이 좋았다. 서로 낄낄거리며 환성이 터져
나오려는 것을 억지로 참고 있었다. "엘리자베스, 우리가 누누이
얘기했잖아. 넌 '정말' 아름다워! 제발 거울을 좀 보라고."

늘씬하고 우아한 자태, 부드러운 목소리, 반짝거리는 눈과 탐스
러운 금발 머리카락. 실로 그녀는 매력적이었다. 하지만 정작 엘리
자베스는 친구의 말을 믿지 않았다. 자기를 놀리는 거라고만 생각
했을 뿐이다. 남자들이 관심을 보이면 얼굴을 붉히고 당황해했다.

세 여성은 테이블에 앉아 주문한 음식을 기다리고 있었다. 그때
아까 그 남자가 돌아와서는 엘리자베스에게 똑같은 말을 했다. "실

레합니다. 이 말을 꼭 해야겠습니다. 당신은 정말, 정말 아름답습니다." 그리고는 다시 가버렸다.

이쯤 되자 엘리자베스는 정말 당황했다. 오늘은 화장도 하지 않고 나왔다. 오늘 아침에 해야 할 일 중에서 화장은 그리 중요한 게 아니었다. 사랑하는 남편 론이 처음으로 화학요법 치료를 받는 날이었기 때문이다. 양성종양이라고 해서 지난달에 제거 수술을 받았는데 놀랍게도 뒤늦게 악성종양으로 밝혀졌고, 모든 상황이 완전히 바뀌고 말았다.

남편과 병원에 갔다 온 후에 기분을 좀 바꾸려고 가장 친한 친구들을 만나고 있는 중이었다. 마침내 자리로 가져온 음식을 먹고 있는데 아까 그 남자가 또 다시 나타났다. 하지만 이번에는 그냥 가버리지 않았다. 그는 이 아름다운 여인에게 치근덕거리는 게 아니라는 점을 분명히 하고 싶어 했다. 엘리자베스를 바라보는 그의 눈길에는 진지함이 묻어 있었다.

"저는 치료가 불가능한 뇌종양 선고를 받았습니다. 종양이 사방에 퍼져 있어서 오래 살지 못합니다. 요즈음은 내가 하고 싶은 때에, 하고 싶은 말을 하고 있습니다. 당신은 아름답습니다. 당신이 그 사실을 알았으면 합니다. 당황하게 만들었다면 미안합니다. 하지만 인생은 너무나 짧습니다. 내 심장이 꼭 말하라고 하는데, 그냥 멍하니 앉은 채로 모른 척하고 있지는 않을 겁니다."

세 여성의 눈에는 눈물이 그득 고였다. 엘리자베스는 천천히 자신의 이야기를 이 남자에게 들려주기 시작했다. 조금 전까지만 해도 이상한 사람이라고 생각하며 어떻게든 피하려 했던 낯선 남자에게 말이다. 그녀는 결장암과 싸우기로 작정한 부부의 결심에 대해서 말했다. 행운인지, 운명인지, 아니면 우연의 일치인지는 알 수 없으나 이 낯선 사람은 두뇌전문 외과의사였다. 엘리자베스의 이야기를 듣다가 그는 잠시 멈추더니 뭔가 생각해내려 애쓰는 모습이었다. "음… 당신에게 소개해줄 만한 암 전문의가 있는데…. 그 사람 이름이 뭐더라? 휴… 요즘 두뇌회전이 좀 둔해졌어요…. 음… 아, 생각났다!"

그는 겸연쩍게 웃으며 종이에 뭔가를 재빨리 적어서 엘리자베스에게 건네주었다. 종이에 적힌 이름과 전화번호는 남편이 암과 싸울 때 생명선이 돼줄 수도 있을 터였다.

정확히 1주일 전에 이 매력적이고 사랑스런 아내는 친구에게 앞으로는 좀더 현재를 중요하게 생각하며 살아가겠다고 말했었다. "미래에 대한 걱정은 덜 하면서 살고 싶어. 치료를 받는 동안 최선을 다해서 남편 곁에 있어줄 거야. 일도 그만둘 거야. 사람들이 뭐라 해도 내 결심은 확고해." 그녀는 현재의 자그마한 순간순간에 집중해서 살아가는 삶이 어떨지 알고 싶었다.

그리고 지금 이 순간, 이 낯선 남자와의 만남. 이 남자의 엉뚱한 행동에 당황해서 화를 내거나 자리를 피해버렸다면 어땠을까? 엘리자베스는 죽어가면서도 꿋꿋이 남은 인생을 살려고 결심한 남자가 준 특별한 선물을 영원히 놓치고 말았을 것이다. 매 순간을 아름답게 살아야 한다는 지혜의 선물을 말이다. 이런 예상치 못한 순간의 기회를 놓치지 않으려면, 관습과 고정관념에서 벗어나는 연습을 해야 한다. 마음을 활짝 열어보자. 내가 모르는 사람이, 내게 빚진 것도 없는 사람이 왜 내게 무언가를 주려고 하는지, 의심하기 전에 호기심을 가져야 한다.

인생이란 항상 예측한 대로 흘러가지 않는다. 내가 가려던 방향은 저쪽인데 왜 나는 이쪽으로 가고 있는 것인지 의아할 것이다. 그러면 친구와 함께 울거나 웃으며 이야기해도 좋다.

하지만 때로는 낯선 사람이 음식점에서, 비행기 안에서, 병원 대기실에서 불쑥 당신의 삶 속에 들어와 놀라운 선물을 줄 수도 있다. 마음을 열어서 그 선물을 받아들이기만 한다면 말이다.

_ 새로운 환경에 적응해야 할 때

감정의 다락방과
새로운 지도

Before and after the move ● 친구나 가족이
이사를 갈 때면
정말 도울 수 있는 일이 많다. 포장, 정리, 운반, 청소 등등…. 하지
만 팔을 걷어 부치고 행동으로 돕는 것만이 전부일까? 이사는 정말
힘든 일이다. 육체적인 피로뿐만 아니라 정신적 스트레스도 이만
저만이 아니다. 추억을 남겨놓을 만한 충분한 감정적 공간을 확보
하지 못했다고 느끼는 데서 오는 이런 느낌은 직접 겪어보기 전에
는 알 수 없다.

패트와 잭은 지난 10년간 살았던 멋진 집에서 이사를 나가려는
중이었다. 몇 주 후면 이삿짐 트럭이 도착할 것이었다. 나는 짐을
싸는 일이 어떻게 되어가고 있는지 물어보려고 전화를 했다. 도울
일이 있는지 궁금했다.

"살림살이가 너무 많아." 패트는 끙끙거렸다. "정리를 해도 해도
끝이 없어. 자선단체에 기증하고, 동네 아이들에게도 주고, 팔기도

친구가 필요할 때 59

하고, 버리기도 했는데 아직도 남았어! 사실 이제 필요 없는 물건들인데. 그래도 왠지 버리기는 싫단 말이야."

먼지가 뽀얗게 쌓인 채 창고에 들어가 있던 빨간 니트 스웨터, 조그만 액자, 기념품 숟가락에는 모두 추억이 어려 있었다. 패트가 말했다. "아버지가 처음 받아왔던 월급봉투는 어떡하지? 아버지의 첫 월급봉투를 상자에서 처음 봤을 때가 생각나. 처음으로 이런 생각을 했지. 말 그대로 '쥐꼬리 만한' 돈을 쪼개고 쪼개서 우리를 키우느라 얼마나 힘드셨을까! 내가 태어나기도 전에 받았던 이 오래된 월급봉투만 보면, 부모님에 대한 추억이 홍수처럼 밀려와. 사실 다 구겨진 이 월급봉투가 굳이 필요한 건 아니잖아? 하지만 우리 가족에겐 역사의 일부분이야. 다른 사람에게는 별다른 의미가 없더라도 말이야. 이런 물건들을 어떻게 해야 하지? 다 너무나 소중한데…."

이쯤 되자 나는 뭔가 혼란스러워졌다. 패트가 단지 이사로 인한 스트레스를 이야기하려 하는 것인지, 정말 그 물건들을 어떻게 처리할지 몰라서 도움을 청하고 있는 것인지 알 수가 없었다. 그래서 물어보았다.

"흠, 내가 예전에 이사할 때 이렇게 했었는데. 우연히 발견한 방법이긴 하지만, 도움이 될지도 몰라. 한번 들어볼래?"

패트는 내 제안을 반갑게 받아들였다. 정말 물건들을 어떻게 해야 할지 몰라서 곤란하다고 말하면서 말이다.

나는 이렇게 대답했다. "지난번에 이사할 때, 4대에 걸친 가족의 물건을 골라내면서 이런 생각을 했어. 일단, 그 물건이 내 인생에 어떤 의미였는지 시간을 들여서 음미해보는 거야. 추억을 되새기는 거지. 그런 다음에 그 물건을 나에게서 떠나보내면, 나중에 결코 후회할 일이 생기지 않아. 하지만 시간에 쫓겨서, 귀찮아서, 억지로 그 물건을 '없애고' 나면 몇 개월, 몇 년이 지나도 생각이 난다고. 나한테는 이미 없는 물건인데, 계속 미련이 남게 마련이지. 그냥 없애버리는 것과 떠나보내는 것은 달라. 정말이야."

내가 말을 마친 후에도 패트는 잠시 동안 아무 말이 없었다.

"그래. 이 물건들에 대한 애증의 감정부터 어떻게 해봐야겠다. 하나하나 찬찬히 쓰다듬어주면서 떠나보낼 준비를 해야겠어. 언짢아하지 않고 말이야. 아, 벌써 마음이 가벼워진 것 같아."

그러면서 패트는 다음과 같이 덧붙였다. "근데, 있잖아. 난 앞으로도 그 물건을 쓸 일이 있지 않을까 하는 생각을 많이 했던 것 같아. 하루는 안 입는 옷가지를 모아서 없애려고 했었어. 문득 아버지가 돌아가시고 나서 어머니 혼자 우리를 키우던 때가 생각나더라고. 학교 수위아저씨 딸 옷을 물려받아 입던 시절이었지. 내가 입으려고 산 옷을 없애기 힘든 게 다 그것 때문인가 봐. 이제 은퇴하면, 필요한 물건들을 다시 살 수 있을지 걱정이 되는 거지."

패트의 말 뒤에 숨겨져 있는 의미를 알 것도 같았다. "그러니까, 믿음의 문제네. 이사를 가고 은퇴를 해도, 언제든 필요한 물건을 장만할 수 있으리라는 믿음. 그게 필요한 거지?"

"흠, 그렇게 생각해본 적은 없었는데." 패트는 말을 이었다. "집에 쌓아둔 물건이 너무 많다고 짜증을 냈었는데 정작 앞으로 뭔가 더 가지지 못할까봐 걱정이 돼서 그랬던 거라니!"

이사를 할 때면 집에 얽힌 여러 가지 추억에 사로잡히게 된다. 무엇이 아쉬운지, 무엇이 걱정스러운지 친구나 가족과 함께 이야기하면서 숨어 있던 사실들이 속속 드러나기도 한다. 패트는 자신을 괴롭히는 문제가 무엇인지 깨닫지 못하고 있었다. 통화가 끝날 무렵에야 비로소, 마음을 짓누르고 있는 것은 여태껏 모았던 물건이 아니라 앞으로의 생활에 대한 두려움이었다는 점을 깨닫게 되었다. 감정의 다락방을 통과하려면 시간이 필요하다. 오랜 시간 너무나 많은 것을 보관해놓았기 때문이다.

이사를 가고 난 후에는 온통 필요한 것 투성이다. 아는 것도 없고, 분명한 것도 없다. 완전히 길을 잃은 것 같은 느낌이다. 과연 이 낯선 곳에 적응할 수 있을까? 아니, 제대로 살아갈 수나 있을까?

옛 동네에서는 무슨 물건을 어디서 찾아야 하는지 잘 알고 있었다. 교통, 새들, 날씨에 존재하는 리듬을 알았다. 위급한 상황에는 어디로 가서 누구를 찾아야 하는지도 알았다. 가장 맛있는 빵을 파는 가게, 가장 뛰어난 정비사가 있는 카센터를 알았다. 약사와도 친했고, 출근 시간을 20분이나 단축할 수 있는 기가 막힌 샛길도 훤히 알고 있었다. 어느 곳엘 가도 나를 위한 인사와 미소가 기다리고 있었다. 하지만 새로운 도시에서 난 아직 낯선 이방인이다.

어쩌면 이 그리움이 몇 년을 갈지도 모른다. 옛 집에 심어놓은 나무, 이웃집 개와 놀던 추억…. 가족이나 친구가 이사를 가는 건 그냥 물리적인 위치가 바뀌는 것 이상의 의미를 지닌다. 그들이 느끼는 소외감을 이해하고 스스로 길을 찾도록 도와주려면, 당신의 특별한 관심이 필요하다. 한 장의 동네 지도 이상의 관심 말이다.

_ 하루아침에 무일푼이 되었을 때

싸구려 청바지
하나조차도…

The hidden hurts of bankruptcy ●　　전 재산을 잃고,
　　　　　　　　　　　　　　　　　　　　　앞으로 살아갈
길이 막막하기만 한 사람은 자신의 파산 사실을 숨기고 싶어 한다.
'아니, 도대체 어쩌다 저 지경까지 이르게 된 걸까? 나도 조심해야
겠는걸.' 하는 주위 사람들의 반응이 두렵기 때문이다.

　파산에 이르게 되는 이유는 다양하다. 사고나 난치병 때문에 엄
청난 치료비를 써야 했을 수도 있다. 사업이 걷잡을 수 없는 방향으
로 흘러갔기 때문일 수도 있고, 사기를 당하거나 과다한 지출을 했
을 수도 있다. 이유가 무엇이든 이미 일어난 일. 중요한 건, 재기의
세월 동안 가족이 겪어야 할 현실에 민감해져야 한다는 것이다.

　"정말 꿈에도 생각지 못했어요." 5년 전, 갑작스러운 파산으로
삶의 위기를 겪어야 했던 안드레아가 말했다. "가장 힘들었던 건,
친구들이 우리 곁을 떠나가는 거였어요. 자기도 그런 일을 당하지
말란 법은 없다고 생각했던 거죠."

남편과 나는 함께 사업을 하고 있었어요. 56명의 직원을 둔 꽤 성공적인 사업체였죠. 월급도 꼬박꼬박 줄 수 있었어요. 공급업체 대금도 항상 제때 지불했고요. 하루에 열두 시간씩 일하면서도 즐거웠어요. 직원들은 모두 가족 같았고, 고객은 우리를 신뢰했지요. 그러던 어느 날 국세청에서 연락이 왔어요. 우리 자산이 이미 압류되었고, 48시간 안에 15만 달러의 세금을 납부하라는 거예요.

도대체 뭐가 문제인지 모르겠더군요. 뒤통수를 얻어맞은 것 같은 충격에 머릿속이 하얘지더라고요. 하지만 한없이 낭패감에 사로잡혀 있을 시간이 없었어요. 일단 적금통장을 헐어서 직원에게 봉급을 지불하고, 다음 날은 직원의 반을 내보내야 했어요. 나중에서야 회사 내에서 횡령이 있었다는 사실을 알게 되었죠. 하지만 이미 돌이킬 수 없는 상황이었어요.

힘들여 구입했던 75만 달러 상당의 장비도 팔아야 했어요. 가장 끔찍했던 순간이었죠. 변호사는 장비를 일반 경매에 올릴 거라며 우리를 안심시키더군요. 하지만 장비는 은밀하게 한 개인에게 2만 5천 달러에 넘겨졌어요. 경매 절차도 없이 말이에요! 우린 아무런 이유도 듣지 못했죠. 우리가 직접 판매했다면 좀더 높은 가격을 받을 수도 있었을 거예요. 하지만 일단 파산 선고를 받고 난 다음에는 우리가 할 수 있는 게 아무 것도 없더군요.

우린 회사는커녕 집도 절도 없는 무일푼 상태가 돼버렸어요. 회사뿐만 아니라 삶 자체를 통째로 잃어버린 거예요! 모질게도 목숨은 붙어 있어서, 그 와중에도 집세를 내고 먹을 것을 살 방법을 찾기 위해 버둥거려야 했죠.

그래도 우리 곁을 떠나지 않고 이야기를 들어준 친구가 있어서 정말 다행이었어요. 우린 친구 앞에서 온갖 울분을 다 토해냈죠.

"아니, 이 지경이 될 때까지 우린 뭘 하고 있었던 걸까? 어쩜 그토록 까맣게 모르고 있을 수가 있었지? 파산 관리인들이 우릴 어떻게 대했는지 알아? 정말 화가 나서 미치겠는데, 아무것도 할 수가 없잖아."

친구는 우리가 늘어놓는 이야기를 참을성 있게 들어주더군요. 우리의 하소연은 그칠 줄을 몰랐죠.

"횡령이라니⋯. 그 대가는 우리가 다 치르고 있잖아. 너무 끔찍해. 처참한 지경이야!"

그때까지도 친구는 우리 이야기를 가만히 들어줬어요. 그 흔한 동정 같은 건 절대로 표하지 않았죠. 한참을 혼자 떠들고 났더니 나름대로 문제를 객관적으로 바라볼 수 있는 시각이 생겼어요. 친구는 그걸 알고 있었던 거죠. 그래서 해결책을 제시하거나, 나를 두둔하지 않았던 거예요.

하지만 역시 어디서 돈을 구해야 할지 막막했어요. 아이들 학교도 보내고 집세도 내야 하는데 당장 먹을 것을 살 돈조차 없었거든요. 다행히 몇몇 친구가 먼저 "우리가 도울 일이 있다면 부담 없이 얘기해."라고 말해주더군요. 돈을 빌린다는 게 쉬운 일은 아니었지요. 하지만 산 입에 거미줄 칠 수는 없잖아요. 그래서 한 친구에게

1만 달러만 빌려줄 수 있겠냐고 물어봤죠. 고맙게도 그 친구는 흔쾌히 돈을 빌려줬어요. 그건 우리 가족이 앞으로 헤쳐 나가야 할 긴 세월을 시작할 수 있는 버팀목이 되어주었죠.

그거 아세요? 파산한 사람을 돕는 단체는 없어요. 파산 절차를 부당하게 이용하는 사람들도 있고요. 파산한 사람은 은행이나 정부로부터 어떤 대우를 받게 될지 아무것도 몰라요. 이런 일은 대개 급작스럽게 터지잖아요. 우린 아주 극악한 범죄인이 된 기분이었어요.

우리 가족은 새 출발을 위해 고향을 떠나왔어요. 요즘 가장 힘든 일이 뭔지 아세요? 대출을 받으러 은행에 갔을 때 느꼈던 황당함이 아니에요. 파산 당시 느꼈던 절망감도 아니죠. 심지어 그동안 하나둘 떠나버린 친구 때문도 아니에요. 겉으로는 우리 삶이 괜찮아 보인다는 게 정말 견디기 힘들어요. 우리 가족은 서로 사랑하고, 남편도 새 직장을 구했어요. 당장 먹을 것도 있고요. 하지만 여전히 우리 안에는 파산의 여파가 남아 있어요. 그건 아무도 모르죠. 할인매장엘 가도 "싸구려 청바지 하나조차도 살 여유가 없구나." 하는 탄식이 먼저 나와요. 당장 청바지를 살 돈이 없어서가 아니에요. 언젠가 또 예기치 않은 불행이 닥칠 수 있잖아요. 정작 돈이 필요할 때 아무것도 할 수 없을까봐 겁이 나요. 우린 늘 불안감에 떨면서 살고 있어요.

친구란 돈이나 권력, 지위와는 상관없이 소중하다. 파산을 당했다고 해서 그 소중함이 사라지는 것은 아니다. 지금은 파산에서 벗어났다고 해도 친구에게 무관심해서는 안 된다. 그들은 아직도 불안과 걱정에 휩싸여 있을 것이다.

_ 지금까지와는 전혀 다른 내일을 살아야 하는 이에게

나는 도대체 누구지?

After a life-changing event ● 정체성이 송두
리째 흔들리게
되는 시기가 있다. 나는 누구지? 조금 전까지만 해도 잘 알고 있다
고 생각했는데. 그렇다면, 내 삶은 뭐지?

음성사서함에 바바라의 메시지가 남아 있었다.

"나쁜 소식을 알려주려고 전화했어. 예상 못한 건 아니야. 물론
듣고 싶었던 소리도 아니었지. 어떻게 받아들여야 할지 모르겠지
만, 납득하려 애쓰고 있는 중이야. …암이 재발했어. 악성이래. 생
각할 게 많아. 얘기를 좀 하고 싶어."

나는 전화를 걸어 바바라에게 물었다. "대체 무슨 일이야?"

"재발됐대." 바바라는 간단하게 대답했다. "놀라지는 않았어. 전
에 그럴 가능성도 있다고 의사가 말해줬거든. 하지만 난 정말 건강
했어! 암을 앓기 전보다 더. 도저히 믿을 수가 없어. 완전히 나았구
나 하고 생각했었단 말야. 기분, 컨디션, 모두 다 최상이었는데, 믿

을 수 없어. 믿을 수 없다고!"

그리고는 폭포처럼 말을 쏟아냈다. "내가 알던 나는 어디에 있는 거지? 회사에 나가지 않으면 나는 뭐가 되는 거지? 밝은 미소와 흘러넘치는 활력을 빼면 난 어떻게 되는 거지? 몇 개월이고 침대에 누워 꼼짝도 못하고 있게 되면, 그게 나야? 세상에, 상상할 수도 없어. 아니 생각하는 것조차 두려워."

나는 아무 말도 할 수 없었다. 바바라가 한 많은 이야기를 찬찬히 되짚어봐야 했다. 바바라는 완전히 충격을 받은 것 같았다. 그동안의 모든 노력이 물거품이 되어버리다니. 게다가 자신을 모조리 잃어버린 느낌까지. 언젠간 암에 걸리기 전처럼 삶의 주도권을 쥐고 열심히 살 수 있을 거라는 희망에 매달려온 바바라였다. 하지만 지금, 모든 것이 갑자기 바뀌었다. 바바라의 삶은 산산이 부서져버렸다.

"회사에서 열정적으로 일하던 그때로 돌아갈 수 없을까봐 무서운 모양이구나." 나는 바바라가 했던 이야기를 다시 한 번 풀어서 말했다. "갑자기 앞이 캄캄해진 거지. 이제는 어떤 삶을 살아야 할지 생각해야 하는데, 도무지 갈피를 잡을 수 없는. 미래의 네 모습이 어때야 할지 새로운 그림을 그리는 데 뭔가 도움이 필요한 건가?"

"맞아, 바로 그거야!" 바바라는 소리쳤다. "미래를 보고 싶어. 상황을 좀 제대로 봐야겠어. 새로운 길을 찾을 수 있게 좀 도와줘. 지금 난 너무 복잡해."

"흠…. 그러면, 내가 그림을 그려볼게. 들어봐." 나는 말을 이었다. "1년 전에 너한테 이런 말을 했다고 생각해봐. 앞으로 1년 안에 너는 엄격한 채식주의자가 되어서 다른 사람들이 건강을 찾을 수 있도록 영감을 주는 사람이 될 거야. 네가 그토록 사랑했던 사업을 포기하고 훨씬 더 보람 있는 삶을 살아갈 거야. 계속 휴가를 즐기면서 여러 곳을 여행하게 될 거야. 네가 정말 좋아하는 사람들과 함께 말야. 넌 복잡한 것이라면 딱 질색이잖아. 그래도 다른 사람들과 이야기를 나누면서 상담도 해주게 될 거야. 의사들은 너처럼 빠른 회복을 보이는 암 환자는 눈을 씻고 찾아봐도 없다고 말할 거야. 그리고 의료계와 대체의학 단체의 암 전문가를 묶는 세계적인 네트워크를 형성하게 될 거야. 아주 보배 같은 환자가 되는 거지. 어때? 작년에 이런 말을 들었다면 넌 틀림없이 '너 제 정신이니?'라고 말했을 걸."

바바라는 깔깔 웃었다. "맞아. 정말 굉장하네. 나름대로 배운 것도 꽤 많은걸. 그런 식으로는 한 번도 생각해본 적 없었는데. 작년 한 해 동안 내가 걸어온 길, 나한테 도움을 줬던 사람들을 기억할 수 있게 해줘서 고마워. 정말 특별했어."

이제는 바바라가 두려움에 맞설 수 있도록 실질적인 조언을 해줄 차례였다. "움직일 수도 없고, 에너지마저 고갈되면 어떤 사람이 될지 상상조차 할 수 없다고 말했지? 좋아. 그럼 네가 두려워하고 있는 걸 모두 적어보는 건 어떨까? 스스로에게 물어보는 거야. '최악의 상황은 뭘까?' 두려움을 느끼고 있다는 사실을 인정할 만한 용기가 있는 한은, 두려워하는 것 자체는 문제될 것이 없어. 정말 중요한 게 뭔지 알게 될 거야. 소용돌이치는 네 마음에서 두려움을 다 꺼내 봐."

바바라는 빙긋이 웃으면서 말했다. "네 말이 맞아. 내가 일을 하지 않고도 생기 넘치는 삶을 살게 될 거라니! 수술한 다음에는 건강한 몸매를 되찾을 수 있을 거야. 세상에 맙소사. 신문에 '나 같은 사람 좋아하는 분 있나요?' 라고 광고를 내볼까? 예전 같았으면 절대로 생각 못했을 거야. 다른 사람한테 도움을 받는다거나, 누군가에게 의지한다거나, 그걸 즐길 수 있다고는 꿈에도 생각하지 못했어. 뭔가 달라진 나를 상상해본 적이 없어서 지금의 내가 어떤 사람인지 혼란스러웠던 거야!"

지금 이곳에 있기까지 어떻게 살아왔는지 생각해보라. 온갖 장애물을 극복하면서 이뤄낸 것들을 기억하자. 목표 하나를 잃어버리면 새로운 목표를 세울 수 있다. 바바라에게 있어 최악의 상황이란 그저 무기력하게 누워 여생을 마감하는 쓸쓸한 삶이었다. 하지만 두려움을 인정하고 나자 지난날을 돌이켜보면서 미래도 그릴 수 있게 되었다.

_ 사랑하는 사람과 헤어졌을 때

이제 끝이야

A relationship ends ● 연인과 헤어지
고 우울해 하는
당신에게 친구들은 이렇게 말한다. "넌 잘못한 게 없어. 그 사람이
나쁜 거지. 너무 괴로워하지 마.", "훨씬 더 좋은 사람을 만날 거
야.", "사랑도 하고 실연도 하는 게 낫지. 연애 한 번 못해본 사람들
도 많아.", "네가 아까웠어. 차라리 잘 됐어."

그러나 당신 귀에는 이런 말들이 전혀 들어오지 않는다. 차라리
혼자 있고 싶다. 고래고래 고함치다가, 꺼이꺼이 울다가, 도대체 무
슨 일이 일어난 건지 곱씹어보고, 다시는 사랑 같은 건 않겠다고 맹
세하고…. 완전히 엉망진창이다. 슬픔, 분노, 좌절, 세상이 끝난 것
만 같은 절망.

사랑하던 사람에게서 갑자기 이별 통보를 받고, 나는 대체 무엇
이 잘못된 것인지 짐작이라도 해보려고 친구 몇 명에게 전화를 걸
었다. 다들 한결같았다. 그 사람을 다시 잡으려면 전략을 세워야 한

다며 이런저런 충고를 해댔다. 그들의 조언에 귀를 쫑긋 세웠지만, 나로서는 도저히 할 수 없는 일들이 대부분이었다. 정말 미칠 것만 같았다.

하지만 앤디는 달랐다. "…아무리 이유를 생각해보고 납득하려고 애써봐도 마음의 상처는 사라지지 않아. 그 사람이 원하던 모습으로 짠, 하고 변한다고? 그래도 그 사람은 돌아오지 않아. 넌 너야. 너 자체로 충분히 매력적이라고."

그의 말을 듣자 왜 내가 그렇게 조급해하고 안절부절못했는지 알 것도 같았다. 나는 하루에도 수백 번씩 감정의 널뛰기를 하고 있었다. 그 사람을 잡고 싶다는 마음, 냉정하게 마지막이라 이야기하던 그에 대한 원망, 함께했던 시간 동안 우리가 나눴던 추억에 대한 그리움, 이제는 잠들기 전에 달콤한 밀어를 나눌 사람이 없어졌다는 쓸쓸함…. 온갖 감정이 밀려왔다. 친구들은 끊임없이 자기 이야기를 늘어놓았고(그럴 리는 없겠지만 당시 내 눈에는 마치 신난 듯 보였다), 나는 그들의 이야기에 하나하나 신경 쓰며 이별의 이유를 분석하고, 내가 어떻게 변해야 할지 고민했다. 정말이지 머리가 터질 지경이었다. 그러던 중 앤디의 말을 듣고 지금 상황을 있는 그대로 인정해버리자 비로소 마음이 편안해졌다. 내가 정말 원했던 건 이 상황을 어떻게든 수습하려는 게 아니었다. 그냥 화를 내고 싶었을 뿐이다.

사랑하던 사람과 헤어지면서 느끼게 되는 감정은 누군가의 죽음을 경험할 때의 상실감과 아주 유사하다. 두 경우 모두 사랑했던 사람을 '다시는' 볼 수 없으리라는 사실을 받아들여야 하기 때문이다. 그래서 이별 후에는 얼마간 다른 상실에 대한 기억까지 몰려온다. 애완동물을 잃은 기억에서부터 사랑하는 사람들을 잃었던 기억에 이르기까지. 아직도 가슴을 후벼 파는 아픈 기억에서부터 시간이 흘러 희미해진 기억까지. 친구가 해줄 수 있는 건, 이러한 기억을 안심하고 끄집어낼 수 있는 여지를 만들어주는 일일 것이다.

이별을 받아들이더라도, 밀려오는 외로움과 미련으로 가슴이 미어지게 마련이다. '어째서 이런 일이 일어난 걸까? 내가 뭘 잘못했지?' 아무리 친구들이 이런 당신의 기분에 공감하고 여러 가지 조언을 해준다 해도 당장은 그 모든 말들에 귀를 기울일 여유가 없을 것이다. 하지만 이럴 때일수록 의식적으로라도 친구들과의 관계를 유지해야 한다. 처음에는 차고 넘치는 조언들이 아무 소용 없을 것 같아도 당신의 공허한 가슴을 채워주려고 애쓰는 친구들이 있음에 감사하게 될 것이다. 지나간 일로 너무 괴로워하거나, 애써 잊으려고 버둥거릴 필요가 없다. 현실을 있는 그대로 받아들이고 지금 느끼는 감정에 흠뻑 빠져도 좋다. 어느덧 고통스러운 기억이 부질없는 과거가 되었음을 깨닫게 될 것이다.

마음에 주파수 맞추기

　동물들이 냄새로 분위기를 감지할 수 있듯이 사람도 자기 주변의 에너지를 느낄 수 있다. 어떤 사람은 근처에만 가도 따스하고 기분 좋은 느낌을 받을 수 있는 반면 쌩쌩 찬바람이 부는 것처럼 불편한 기운을 풍기는 사람도 있다. 왜 그런지는 모른다. 그저 그렇게 느낄 뿐이다. 대화에서도 똑같은 원리가 작용한다. 당신이 도와주고 위로해주고자 하는 사람은 당신과 이야기하는 도중에 뿜어져 나오는 에너지를 포착할 수 있다. 신기하게도 이런 에너지를 느끼는 것만으로도 힘과 용기가 솟아난다.

　어떻게 도와줘야 할지 모르겠다는 생각에 몰두하다 보면 에너지가 분산되고 상대방이 하는 말에 귀 기울일 수 없다. 도울 방법을 찾았다 해도 과연 상대방이 마음 상하지 않고 고맙게 그 도움을 받아들일지 확신이 서지 않을지도 모른다.

　'세상에, 어떻게 그런 일이….', '정말 큰일인걸.', '나라면 절대로 그렇게 하진 않았을 거야.', '끔찍해.', '그러게, 왜 하필 너니?', '무슨 말을 해줘야 할까?', '안 돼. 이렇게 말하면 오히려 더 상처받을지도 몰라.' 상대방이 어렵게 자기 얘기를 하고 있을 때조차 당신의 머릿속은 끊임없이 이어지는 생각으로 분주하다. 이것이 바로 서로를 이어주는 공감의 끈을 끊어버리는 '내면의 대화' 다. 내면의 대화 역시 에너지를 내뿜는다. 아무리 감추려고 해도 상대방은 그 에너지를 감지하고는 입을 다물어버린다.

내면의 대화를 완전히 멈추는 건 정말이지 쉬운 일이 아니다. 물론 노력해야겠지만, 그래도 끊임없이 머릿속에서 일어나는 온갖 생각을 막기에 역부족이라면, 차라리 인정해버리자. 그리고 솔직히 이야기하는 거다. "친구야, 사실 말이지, 네 얘기를 듣는 동안 난 우리 아버지 생각을 했어. 우리 아버지가 병에 걸리시면, 그렇게 힘없이 돌아가시면 어떡하지? 나한테도 그런 일이 벌어지면 어떡하지? …미안해, 속으로 딴생각을 해서. 하지만 어쩔 수 없었어. 나도 두려운걸."

당신도 똑같이 약한 인간임을 드러내는 용기를 보여줘야 한다. 그때 비로소 공감의 끈을 잇고 서로 솔직하게 '마음을 터놓는' 소중한 순간을 맞을 수 있게 될 것이다.

Part 2

건강을 잃었을 때

Health Matters

_ 검사결과가 두려울 때

미지의 사건

Test results ● 이번에도 늘 해
오던 대로 건강
검진을 받았다. 검사결과가 나오는 날. 의사의 전화를 받고는 가슴
이 쿵 내려앉는다. 도대체 뭐가 어떻게 되었다는 거야? 여러 사람
의 얼굴이 떠오른다.

어느 날 밤, 젠이 겪었던 일이다.

༄

"비정상적인 결과가 나왔습니다." 의사는 이렇게 말하고는 건조
한 목소리로 무슨 소린지 알 수가 없는 용어를 늘어놓기 시작했다.
아마 비슷한 검사결과가 나왔던 수많은 사람들에게도 저렇게 말했
겠지.

의사도 이런 소식을 전하는 게 쉬운 일은 아닐 것이다. 이해는 한
다. 하지만 모든 일을 말짱하게 돌려놓고 싶다. 거짓말. 뭔가 잘못
안 게 분명해.

단 몇 분간의 통화가 이렇게 길게 느껴지는 건 처음이었다. 마치 영원과도 같이 아득하게만 느껴졌다. 현기증이 일었다.

"그러니까, 제가 암에 걸렸다는 거죠?" 내가 물었다.

"음, 그래요." 이제야 알아챘냐는 듯한 말투로 의사가 대답했다. "검사결과로 보면 암이에요. 조직검사를 해야 해요."

우리는 보험이나 후속검사를 해줄 의사, 다음에 밟아야 할 절차에 대해 이야기했다. 의사의 어조는 시종일관 사무적이었다. 의학 용어가 잔뜩 프로그램 되어 있는 로봇과 대화하는 기분이었다.

"그럼, 최상의 경우와 최악의 경우는 뭐죠? 얘기해주세요." 의사에게 물었다.

"다음 검사에서는 세포 표본을 추출해서 분석할 거예요. 최상의 경우는 암이 아닌 거죠. 악성이 아니면 세포를 얼려 죽이면 돼요. 최악의 경우는, 글쎄요⋯. 수술을 하는 것이겠죠."

달칵. 수화기로 들려오는 소리가 전에 없이 크게 들렸다. 통계자료가 된 느낌이었다. 아는 사람이 아무도 없는 병원에 가서 검사를 받고는 또다시 고통스럽게 결과를 기다려야 한다. 그곳에서 나는 비정상적인 검사결과 때문에 소개를 받아서 온 그저 그런 환자 한 명에 불과하다. 다른 사람들도 같은 느낌일까? 만약 결과가 좋지 않다면? 왜 이런 일이 일어난 거지? 다음에는 또 무슨 일이 터질까? 우후죽순으로 솟아나는 질문들로 마음을 괴롭히며, 나는 내 삶에서 정말 중요한 게 뭔지 생각하기 시작했다. 내게 남은 시간이 얼마나 될까? 하루? 한 주? 한 달? '비정상적인 검사결과'가 나오기 전에 오늘이 마지막이 될지도 모른다고 생각하는 사람이 얼마나 될까?

누군가에게 연락을 해야 할까? 동정을 받기는 싫은데. 아직 모르는 일이잖아. 괜히 나중에 가서 거짓말한 꼴이 되면 어떡해.

하지만 내 머릿속에서 윙윙거리는 모든 생각들을 누군가에게 털어놓아야 할 것 같았다. 나는 친한 친구 몇 명에게 전화를 걸었다. 고맙게도 그들은 모든 것이 괜찮아질 거라는 근거 없는 말로 나를 안심시키려 하지는 않았다(사실 난 아무 문제없을 거라 생각하고 싶었다. 하지만 그 소리를 다른 사람에게서 듣고 싶지는 않았다. 두려운 마음을 들키고 싶지 않았던 것이다. 확실한 건 아무것도 없지 않은가).

내 얘기를 끝까지 들은 친구들은 무서운 게 당연하다며 말을 이었다. "흠, 그 의사 선생, 믿을 만한 사람이니? 아니면 다른 의사를 물색해봐야지."

이건 지금까지의 내 인생에 가장 큰 미지의 사건이다. 정말 나를 괴롭혔던 건, 앞으로 무슨 일이 벌어질지 알지 못한다는 사실이었다. 하지만 그건 기우였다. 나에겐 친구들이 있었다.

"마음 졸이며 결과를 기다리는 건 힘든 일이야. 무슨 일이 일어난다 해도, 네가 시련을 이겨낼 수 있도록 우리가 곁에서 도와줄게."

그 후 며칠 동안 소개받은 병원으로 가서 더 많은 검사를 하고 그 결과를 기다렸다. '결국 최악의 상황에 맞닥뜨리게 되면 어떡하지?' 끊임없이 튀어나오는 두려움과 의문을 막기가 힘들었다. 하지만 문득, "무슨 일이 일어난다 해도….''라고 말해준 친구들의 목소리가 떠올랐다. 그 순간 모든 게 변했다. 내면의 목소리가 "바로 지금이야."라고 나지막이 속삭였다. 지금이 바로 살아야 할 때다. 친구들의 말을 기억하자. 결과가 어떻든 친구들은 나에게 섣부른 충고를 하거나 지나친 동정을 표하지는 않을 것이다. 그저 나를 위해 '곁에 있어줄' 것이다. 난 백만 대군을 거느린 장군보다 더 든든했다.

෴

아마 암에 걸렸다는 진단이 틀렸다는 검사결과가 나온다 해도 젠이 삶을 바라보는 방식은 완전히 달라질 것이다. 건강과 죽음에 대한 의식에 사로잡혀 보낸 몇 주 동안, 젠은 실제로 삶의 변화를 겪었다. 자기 의지와는 상관없이 삶을 영원히 바꿀 수도 있는 소식을 기다리는 사람들 집단에 합류했다. 가장 좋은 결과를 기대하는 동시에 그렇지 않은 결과가 나올까봐 두려워하는 시간. 숨을 죽이고, 활력이 완전히 정지된 상태. 그 시간은 짧지만 강렬하다. '내게 시간이 더 주어진다면' 남은 삶을 낭비하지는 않으리라 결심한다. 과잉반응이 아니다. 그런 때면 항상 최악의 상황을 예측하게 마련이다.

어떤 의사는 "최종결과가 나오기까지는 심각한 병이 아닐 가능성도 있는 거잖아요. 하지만 '검사가 더 필요하다'는 얘기만으로도 환자의 세계는 충분히 엉망진창이 되어버릴 수 있다는 사실을 의사들은 가끔 잊어버리지요."라고 시인했다. 결과가 어떻든 환자는 첫번째로 의사나 간호사에게 의존하게 된다. 의사나 간호사는 시간을 두고 환자의 기분을 세심하게 배려해야 한다. 수많은 의학용어와 숫자를 접하고, 좀더 많은 검사를 받기 위해 여러 절차를 밟아야 하는 건 매우 힘든 일이다. 검사결과가 좋지 않을 경우 병원에서 도울 수 있는 일이 무엇인지도 친절하게 설명해주도록 한다. 환자는 앞으로 일어날 일들에 대한 마음의 준비를 할 수 있을 것이다.

배우자, 연인, 친한 친구 등 자신에게 중요한 사람이 검사결과를 기다리고 있다면, 당신 또한 어려운 도전에 직면하게 된다. 유방암 재발여부를 밝히기 위해 조직검사를 받고 그 결과를 기다리고 있던 에밀리의 이야기를 들어보자.

"난 너무도 두려웠지요. 남편도 똑같이 느끼는지 알고 싶었어요. 그래서 계속 '당신은 어때?' 하고 물었는데 별 말을 않더군요. 아직 결과가 나온 것도 아닌데, 나 혼자 호들갑을 떠는 건가 하는 생각이 들었죠. 그런데 어느 날 밤, 그이가 나를 꼭 안아주면서 자기도 두렵다고 말했어요. 두 눈이 빨갛게 충혈된 채로 말이에요. 자기가 얼마나 두려운지 말하면 정말 내가 암이라는 진단을 받게 될까봐, 나를 잃게 될까봐 아무 얘기도 할 수 없었대요. 그이를 이해할 수 있을 것도 같아요."

_ 심각한 병에 걸렸다는 선고를 받았을 때

책한테 길을 물어

When you want to help deal with diagnosis ● 프랑스 식당에
서 낯선 남자에
게 뜻밖의 선물을 받은 엘리자베스를 기억하는가? 남편 론이 입원
하던 날, 엘리자베스는 친구들에게 이메일을 보냈다.

'주위에 암에 맞섰던 사람이 있어? 사랑하는 사람한테 받은 도움
중에서 소중했던 건 뭔지 알고 싶어. 무슨 얘기든 좀 듣고 싶은데.
아직도 믿기지 않아.'

나는 그녀에게 다음과 같은 내용의 글을 보냈다.

❧

사랑하는 엘리자베스에게

내 동생이 종양담당 간호사인 건 알지? 동생이 수년간 암 환자를
간호하면서 깨달은 점을 얘기해줬어. 암 진단을 받고나면 갑자기
주변 사람들이 환자의 삶을 통제하려든대. 그건 정말 최악의 실수

야. 무엇이든 환자 스스로 결정할 시간을 주는 게 좋대. 간호든, 치료든, 자기 삶이든. 가족이나 친척, 친구들이 몰려들어서 그 사람의 삶을 좌지우지하려 하면 안 된다는 거야. 물론 그 사람을 위하는 마음에서 우러나오는 것일 테니 그걸 막아내는 것도 쉬운 일은 아니겠지. 아무것도 하지 않은 채 환자의 고통을 지켜만 보는 것도 어려운 일이니까. 하지만 당사자가 정보를 얻을 수 있도록 도와주면 그 사람도 스스로 최선의 결정을 내릴 수 있어.

론과 함께 책도 읽고, 일기도 쓰고, 느낌을 공유해봐. 이런저런 이야기를 나누거나 아무 말도 않고 서로를 바라봐도 좋겠지. 화가 나면 화를 내. 누가 뭐라 하겠어? 필요하면 언제든 찾아와서 하소연을 해도 좋아. 그건 이기적인 게 아냐. 인간적인 거지.

〜

그리고 나는 론과 엘리자베스가 함께 읽으면 좋을 유용한 책을 몇 권 소개해줬다.

전문가가 될 필요는 없지만 최소한 그에 대한 공부를 하면 당신이 친구를 얼마나 염려하고 있는지 알려줄 수 있다. 친구에게 필요한 지식을 찾아보자. 연구결과, 치료법과 이에 따른 부작용, 대안적인 접근방법, 회복 등에 대해서 배운다. 병에 관련된 용어를 익히고 새로운 소식을 파악한다. 그래야 그릇된 희망을 주거나 성급하게 미숙한 결론을 내리는 실수를 범하지 않을 수 있다. 당신이 병에 대해서 알려고 노력하고 있다는 사실을 알게 되면 친구도 당신의 마음을 고맙게 받아들일 것이다.

몇 주 후에 론은 우리 모두에게 글을 보냈다.

〰️

여러분, 안녕하세요.

나는 여태껏 아픔이나, 고통이나, 질병에 관한 것은 모두 혼자 마음에 품고 살았어요. 그래서인지 여러분의 관심이 약간은 불편한 것도 사실입니다. 하지만 이제는 내게 일어나고 있는 일을 친구들에게 이야기하고 싶어요. 나 자신뿐 아니라 비슷한 상황에 처한 사람들, 이 글을 읽고 있는 여러분, 앞으로 어떤 일을 겪게 될지 모르는 사람들에게도 도움이 될 거라고 믿습니다.

그동안 참 많은 책을 읽었습니다. 거의 필사적이었던 것 같아요. 암이나 화학요법, 불치병 등에 관한 책이었지요. 그 중에는 비과학적이지만 치료효과가 상당하다고 알려진 방법도 있더군요. 지금 이 순간, 내가 느끼고 있는 감정을 그대로 표현하는 것도 그런 방법 중 하나입니다. 좋아하는 사람들과 이야기를 나누고, 많이 웃고, 하고 싶은 일을 하는 것 또한 마찬가지입니다.

나와 이런 이야기를 나누는 것조차 힘들어하는 사람들이 있다는 것도 잘 압니다. 여러 가지 이유가 있겠지요. 모두 이해할 수 있어요. 다만, 꼭 알려주고 싶은 게 있습니다. 난 '암'이라는 단어를 말하는 게 전혀 괴롭지 않습니다. 내가 두려워하는 건 죽음이 아니에요. 원하는 삶을 살지 못할지도 모른다는 두려움이 죽음보다 더 고통스럽습니다. 얼마만큼의 시간이 남았는지는 알 수 없지만 난 미래를 생각합니다. 사랑하는 집사람과 아프리카로 여행을 떠날 겁니다. 근사하지요? 그러니까 굳이 나와의 대화를 피하지 않아도 된다는 겁니다. 지금의 내 모습을 편안하게 생각하고 나와 이야기하고 싶다면 언제나 대환영입니다. 나도 마음의 평화를 얻을 수 있을 테지요.

사실 나는 여러분 각자에게 마음의 빚을 지고 있습니다. 여러분은 수술을 받은 후에 골프를 치려 애쓰는 내 모습을 연민 가득한 눈으로 지켜보았고, 이메일로 카드로 전화로 재미있는 농담을 들려주었지요. 병원으로 찾아와서 함께 포커게임을 즐겼고, 언젠가 식사나 같이 하자고 물어봐줬지요. 나를 위해 기도해주고, 나에 대해 생각해준 모든 일이 이루 말할 수 없는 도움이 되었습니다. 덕분에 내 영혼이 건강하게 일어설 수 있었습니다. 정말 여러분 모두에게 감사한 마음뿐입니다.

이 순간 난 정말 행복합니다. 치료를 받고 하루하루를 보내며 우울해지는 날도 있을 겁니다. 하지만 고통스런 날은 최소한으로 줄어들 거라 희망합니다. 내 삶에 여러분 같은 사람들이 함께 있는 한 분명 그럴 겁니다.

분홍색 담요

Facing surgery ● 텔 레 비 전 이 나
영화에는 수술
장면이 자주 등장한다. 그래서 그 과정을 일상적인 것으로 여기기도
한다. 하지만 정작 자신이 수술을 받아야 한다면 문제가 달라진다.

곧 받게 될 수술이 크건 작건, 알아야 할 것과 도움을 받아야 할
일은 굉장히 많다. 이것저것 준비하는 과정이 너무 버거워 어쩔 줄
몰라 하기도 한다. 수술을 앞두고 있는 사람이 소화할 수 있는 구체
적인 조언을 해주는 것이 좋다. 적절한 의사나 전문가를 찾는 방법,
병원을 선택할 때 유의해야 할 사항, 선택사항에 대한 정보, 경험자
의 이야기 등 당사자에게 꼭 필요한 정보를 주도록 한다.

또한 친구에게 "어떻게 도와주면 돼?"라고 묻기보다는 구체적인
일들을 대신 해주겠다고 먼저 제안해보자. 수술을 하려고 병원에
있는 사람들은 평소에 해오던 일이 어떻게 돌아가고 있는지 잘 모
른다. 당신이 할 수 있는 간단한 일을 해주겠다고 하면 그들은 무척
고마워할 것이다.

많은 사람들이 병과 싸우고 있는 친구를 만나면 "다 괜찮아질 거야.", "여태껏 잘 버텨왔잖아. 앞으로도 잘 할 수 있을 거야." 등의 말을 해서 기분을 풀어주려고 애쓴다. 친구에게 힘이 될 수도 있지만, 처음 수술을 받는 경우라면 원치 않는 말일 수도 있다. 친구는 두려움, 분노, 걱정에 휩싸여 "그래? 네가 그걸 어떻게 알아?"라며 되받아 소리 지르고 싶을지도 모른다. 희박한 희망에 기댔다가 더 깊은 절망에 빠지고 싶지 않을 수도 있다. 주위의 모든 사람이 다 잘 될 거라는 얘기만 한다면 환자가 가진 두려움은 갈 곳을 잃고 머릿속에 계속 맴돌게 된다.

"나랑 얘기하고픈 걱정거리라도 있니?"라고 조용히 묻거나 "어떻게 될지 아직 모르니까…. 많이 힘들 거야." 라고 말해주고는 잠시 멈춰보자. 잔잔한 침묵 속에서 그들에게 생각할 시간을 주는 것이 좋다.

수술을 앞두고 마취, 후유증, 부작용, 수술 후의 통증 등을 걱정하는 건 당연한 일이다. 이때 환자에게 필요한 정보를 찾아 환자가 직접 선택할 수 있도록 해주는 것이 도움이 될 것이다. 내가 '경미한' 발 수술을 받게 됐을 때, 수술에 사용될 마취제에 대해 걱정을 했던 기억이 난다. 선택할 수 있는 병원은 세 군데였다. 마취담당 간호사였던 한 친구가 나더러 각 병원에 전화해서 마취의와 이야기 해본 후에 선택하라고 권했다. 병원에 직접 전화를 해볼 생각은 한 번도 해본 적이 없었다. 하지만 친구는 환자가 긴장을 덜 할수록 수술이 훨씬 수월해진다고 했다.

결국 나는 나의 쉴새 없는 질문에 참을성 있게 대답해주고 마취 과정을 찬찬히 설명해줬던 마취의가 근무하는 병원을 택했다. 그 마취의는 내 느낌까지도 알고 있었다. "다른 사람이 보기엔 경미한 수술이라도, 자기가 받는다고 생각하면 대수술인 법이지요."

마취의와의 통화는 겨우 5분 남짓이었다. 마취의에게는 그다지 큰 일이 아니었을 테지만, 내겐 전부였다. 무조건 걱정할 필요가 없다고 주장하는 병원보다는 내 걱정을 이해해주는 병원에서 수술을 받는 편이 훨씬 마음이 놓였다.

수술 당일, 친구 몇 명이 분홍색 담요를 들고 찾아왔다. 페기 허들스톤 Peggy Huddlestone이 쓴 《수술에 대비하라 Prepare for Surgery》라는 책을 읽었다며 호호 웃었다. 그 책에는 환자의 회복을 바라는 사람들에게 주는 메시지가 담겨 있다고 했다. 수술시간에 맞춰 심호흡을 하며 긍정적인 에너지를 보내고, 모든 일이 순조롭게 진행되는 수술실과 건강해진 몸을 상상하라는 것이다. 친구들은 '치유의 에너지를 담은 분홍색 담요를 덮어주라'는 내용이 있는 페이지를 열어 내게 보여주었다. 결국 나는 발에 분홍색 담요를 칭칭 감고 수술실에 들어갔다. 수술 팀이 담요를 벗기려 하자 의사는 이렇게 말했다. "그냥 놔둬요. 환자의 쾌유를 바라는 많은 사람의 희망이 감겨 있는 거예요. 담요에 담긴 치유 에너지를 한껏 이용해봅시다!"

기도와 사랑을 보내줘.
두려움은 빼고

Making your own wish list ● 어느 날 지니라는 친구가 메일을 보내왔다. 지니는 삐에로 자원봉사 단체를 이끌고 있었다. 그 단체는 여러 병원을 돌아다니며 투병중인 수천 명의 아이들에게 즐거움을 선사하는 일을 하고 있었다. 그런데 어느 날 지니가 암 판정을 받았다. 지니는 앞으로 상황이 어떻게 변하게 될지 함께 일하는 삐에로들과 친구들에게 알려야 할 것 같아서 우리 모두에게 특별한 부탁을 담은 메일을 써서 보낸 것이다.

✍

이런 편지를 쓰기가 쉽지 않구나. 12월 7일, 내 생일 전날(너희들 모두 내게 멋진 선물과 카드를 보내왔지) 유방암에 걸렸다는 소리를 들었어. 9월쯤에 건강검진을 받았잖아. 조직검사를 하다가 우연히 악성 세포를 발견했던 거야. 미친 소리로 들리겠지만, 얼마나 운이 좋았는지 몰라! 이 세포는 엑스레이 검사에도 나타나지 않는 거래! 의사는 "조금만 늦게 발견됐어도 손쓸 수 없을 뻔했어요."라고 말했는걸. 왠지 난 굉장히 운이 좋고 축복받았다는 느낌이 들어. 다 괜찮을 거야.

너희 모두에게 한꺼번에 편지를 보내는 것을 용서해줘. 원래는 너희에게 일일이 전화를 하고 싶었어. 그런데 아는 분이 "아뇨, 전화를 35통이나 하다니요. 에너지를 아낄 필요가 있어요. 편지를 쓰세요."라고 말해줬지. 듣고 보니 맞는 말이더라고.

치료방법에 대한 정보를 모으고, 일지에 기록하고, 휴식하고, 치유할 시간이 필요해. 내가 당분간 없더라도 우리 단체는 수월하게 굴러갈 거라 믿어. 나를 돕고 싶어 하는 너희들 마음을 잘 알아. 그럼 내가 몇 가지 부탁해도 기꺼이 들어주겠지?

- 사무실 일 – 언제든지 내게 도움을 줄 수 있으면 이메일 보내줘.
- 멋진 영화, 음악, 영감을 주는 훌륭한 인용문구 추천 – 멋진 인용문구가 정말 좋더라!
- 멋진 생각, 기도, 공정한 판단, 사랑
- 전화 – 너희들의 전화는 내게 커다란 의미가 될 거야. 하지만 꼭 필요한 경우가 아니라면 아마도 내가 너희들에게 전화하지는 않을 거야. 목소리도 듣고 싶고, 이런저런 이야기도 나누고 싶지만, 전화에 너무 오래 매달리면 별로 좋지 않대. 에너지를 비축해야 한다나?

내 소식에 너무 놀라거나, 걱정하지 말길 바라. 곧 건강한 모습으로 다시 만나게 될 거야. 너희들의 기도와 사랑을 보내줘. 두려움은 빼고.

너희, 상냥한 삐에로들을 사랑한다!

– 지니 씀

&

이 메일 덕분에 우리는 어떻게 지니를 도와야 하는지 고심하지 않아도 됐다. 지니가 부탁한 것들은 모두 충분히 들어줄 수 있는 것이었다. 그리고 지니도 "뭐가 필요한지 말해줘." 하는 전화를 받느라 에너지를 소비할 필요가 없어졌다. 당분간은 병을 고치고 건강을 회복하는 데 전력을 다할 거라는 점을 알려주고, 우리가 도움을 줄 수 있는 부분을 조목조목 이야기해줬다. 우리는 물심양면으로 지니를 도와주었다. 몇 달 후 지니가 건강한 모습으로 다시 아이들에게 웃음을 선사한 것은 물론이다.

할머니 이야기

Recovering from depression ● 항상 우울한 사람이 있다. 단순히 가라앉은 기분 때문일 수도 있지만, 심각한 경우에는 병적인 우울증일 수도 있다. 잠자리에서 일어나거나, 직장에 가거나, 가족을 돌보거나 하는 일상생활을 영위하는 것조차 힘들다면 전문가의 도움을 받는 것이 최상의 방법이다. 상태가 어떠하든, 가장 필요한 건 '잘 들어주는 사람'이다.

내가 발 수술을 받은 지 두 달쯤 지났을 때였다. 몇 개월 동안 치료를 받고 수술까지 받았는데도 상태가 나아지기는커녕 오히려 통증이 심해지기만 했다.

달갑지 않은 감정이 밀려들어왔다. 늘 기운이 없긴 했지만 갑자기 어두운 늪으로 빨려 들어가는 것만 같은 우울이 찾아온 것이다. 이런 나를 지켜보던 마사지사는 자기 이야기를 들어보겠냐고 물었다. 자기도 예전에 비슷한 일로 한참을 우울한 기분에 빠져 지냈는

데, 그 과정에서 터득한 방법이 있다고 했다. 그의 태도가 고마웠다. 무작정 자기 얘기를 늘어놓기 전에 잠시 멈추어 내 의향을 확인해줬기 때문이다. 나는 그의 이야기를 기분 좋게 받아들일 수가 있었다.

✎

할머니 이야기를 할게요. 내 어릴 적 기억으로는 할머니 주위에는 항상 사람들이 있었던 것 같아요. 그들은 뭔가 물어보고, 조언을 구하고는 했죠. 할머니는 찾아온 사람의 이야기에 귀를 기울여줬어요. 예전에는 통화중에 전화교환원이 끼어들어서 전화를 끊으라고 한 적도 있대요. 할머니에게 걸려온 전화 때문에 이웃과 함께 쓰는 공동회선이 자꾸 마비되곤 했거든요. 사람들의 이야기를 모두 듣고 난 후에야 할머니는 그들을 격려해줬어요. "모든 일이 잘 해결될 거라는 믿음을 가져봐요. …그리고 참아야만 해요."

몇 년 전에 나는 교통사고로 다리와 척추를 다쳤어요. 의사가 시키는 대로 뭐든 다 했는데도 쉽사리 낫지 않더라고요. 여러 의사를 만나봤지만 아무도 치유가 더딘 이유를 집어내지 못하더군요. 나는 다리와 등에 통증을 달고 살아야 했죠. 때로는 참을 수 없을 정도로 아파서 소파에 누워 끙끙 앓기도 했어요. 더 참을 수 없었던 건, 이 통증이 언제 사라질지, 아니면 사라지기나 할 것인지 전혀 알 수가 없다는 점이었어요. 난 희망을 잃기 시작했어요.

아무래도 내 상태를 조금이라도 낫게 하려면 다리뿐 아니라 희망의 상실까지도 해결해줄 수 있는 사람이 필요하다는 생각이 들었어요. 밀려오는 우울증에 대처할 수 있도록 도와줄 사람을 찾아야겠다고 결심했죠.

주위를 수소문해서 알아낸 한 상담 전문가를 찾아갔어요. 하루는 그 사람이 내게 작은 책자를 한 권 소개해주더군요. 신체적인 문제와 감정적인 문제를 함께 다룬 책이었어요. 그 책을 읽으면서 내 우울증을 끝낼 수 있는 유일한 방법을 깨달았어요. 바로 우울증을 이기는 것이었어요. 참아내는 거죠! 무시하거나 무감각해지는 게 아니에요. 할머니가 늘 사용하셨던 방법으로 참아내는 거예요. 고통스런 상황이 끝날지 어떨지는 알 수 없지만 참아낸다면 어느 정도 나아질 거라는 믿음을 갖는 거예요. 바닥이 보이지 않는 곳으로 한없이 떨어지고 있을 때조차도 희망을 포기하지 않는 것이 비결이죠.

할머니는 치유자셨어요. 스스로를 믿으라고, 아직 보이지 않는 것을 믿으라고 이야기해주면서 사람들을 도우셨어요. 그리고는 누누이 '인내' 하라고, 참아내라고 강조하셨죠. 할머니가 그리워요. 우리에겐 정말 중요한 존재셨어요!

෴

"한번 읽어보시겠어요?" 그는 책 한 권을 내게 내밀었다. 조금 전 말했던 그 책이었다. 우울에 빠진 자신을 구제해주었던 책. 하지만 그는 '이 책에 모든 해답이 들어 있다' 는 식의 태도를 보이지 않았다. 다만 내가 새로운 관점을 갖는 데 도움이 되길 바란다는 것이었다. 물론 나는 그의 호의를 고맙게 받아들였다.

우울증은 여러 형태로 나타난다. 심각할 수도 사소할 수도 있다. 아무도 모르게 슬그머니 나타나 야금야금 커져서는 어느 순간 당신을 위협할 수도 있다. 아무 이유 없이 불현듯 나타나기도 하고, 괴로운 점을 건드릴 때마다 자동반응으로 나타나기도 한다. 태도나 의지력만의 문제도 아니다.

우울한 사람을 대할 때면 대부분은 애써서 명랑한 분위기를 만들려고 한다. 우울한 사람의 기분을 북돋아주려는 친구들의 온갖 행동들은 눈물겨울 지경이다. 하지만 정말 중요한 건 그들의 기분을 있는 그대로 이해해주는 것이다. 문도 창문도 없는, 사방이 꽉 막힌 방에 갇혀 있는 것만 같은 느낌을 말이다.

누군가의 마음상태가 걱정된다면 아마 당신에게 중요한 사람이기 때문일 것이다. 자기만의 어두운 세계에 갇혀 있는 친구에게 "어서 거기서 빠져나와!" 라고 외치기 전에, 우선 그들이 느끼는 답답함을 조용히 생각해보자. 그들의 조바심조차도 참을성을 가지고 이해해주는 태도를 가지게 되면, '친구 구출 작전' 이 한결 수월해질 것이다.

_ 의사가 환자를 마주대할 때

환자의 마음속에
들어왔는가?

Making the most of your time as a patient or as a doctor ●　누구나 아프면
의사를 찾는다.
왜 아픈지 알게 되면 기분이 좀 나아질 것 같아서, 고통을 없애고 싶
어서일 것이다. 아프지 않을 때도 정기검진을 받기 위해 의사를 찾
아간다. 건강상태를 알고 혹시라도 있을 문제에 대비하려는 마음에
서다. 의사, 간호사, 병원은 우리에게 '치유'의 의미로 다가온다.
하지만 치유는 약품이나 치료절차, 수술만으로 이루어지는 것이 아
니다. 의사와 환자가 시간을 들여 조심스레 선택된 대화를 주고받
는 가운데 이뤄지는 관계에서 치유의 효과가 진가를 발휘한다.

"휴우, 여긴 정말 춥네요." 닥터 디쉬울로는 오늘 아침 맞은 첫
환자에게 선량한 미소를 지으며 중얼거렸다.
"따뜻하게 해드릴게요." 의사는 검사대와 난방기구 사이의 공간
을 비집고 들어가면서 서투르게 손을 뻗어 자동온도 조절장치를
켰다. "죄송합니다. 급한 호출이 왔네요. 곧 돌아오겠습니다."

의사는 잠시 후에 돌아와서는 불편사항이 있는지 물었다. 불편한 점은 없었다. 진찰과정에 대해서도 아무 불만 없었다. "아뇨, 선생님. 다 편해요."

환자는 몸무게가 5kg이나 늘어 힘들다는 점, 갱년기 초반을 어떻게 지내야 할지 모르겠다는 말을 할까 말까 망설이고 있었다. 따지고 보면 디쉬울로는 산부인과의사지 내과의사나 상담 전문가가 아니지 않은가. '하지만 내가 추울까봐 걱정해주잖아. 그냥 내 얘기 좀 해도 괜찮지 않을까?'

"선생님, 예전에 제가 갑상선에 문제가 있었거든요. 그게 재발하면 살이 찌고, 우울해지고, 무기력해지고 그럴 수도 있나요? 말도 안 되죠?"

의사는 환자를 이리저리 진찰해보고는 당장 눈에 띄는 문제는 없다고 했다.

잠시 후 두 사람은 진료실 옆에 있는 사무실에 앉아 차를 마셨다.

"참, 저번에 사모님이 수술을 받으셨다고 하지 않았나요? 지금은 괜찮으신 거죠?" 환자가 물었다.

"아, 예. 하하. 고마워요. 아주 좋아요. 빨리 회복되고 있어서 다행이에요. 참, 그때는 정말 고마웠어요. 항상 의사로서 환자를 대하다가, 정작 집사람이 환자가 되니까 심정이 좀 복잡했거든요. 이런저런 얘기를 같이 한 덕분에 정말 위로가 됐어요. 그나저나 요즘 어때요? 조금씩 나아지는 것 같아요?" 의사가 부드럽게 물었다.

"글쎄요. 이젠 조금 적응이 되는 것도 같네요."

환자는 의사의 말을 기다렸다. 무슨 말을 하려는지 궁금했다.

"요즘은 대부분의 병원이 체계를 갖추고 환자를 많이 받아들이려고 해요. 의사가 시간을 내서 환자와 이야기하는 게 그리 쉬운 일은 아니죠."

환자는 오늘 아침 의사의 일정을 알고 있었다. 예약이 빽빽하게 있는데다 닥터 디쉬울로는 환자를 기다리게 하지 않는 것으로 유명했다. 의사의 일정을 존중하고 싶었다. 하지만 의사는 환자가 자기 말을 제대로 이해했는지 확실하게 하고 싶었다.

"어떤 경우에도 환자는 최고 대접을 받아야 해요. 안 그래도 몸이 아픈데 조금이라도 소홀한 대접을 받으면 얼마나 서럽겠어요. 그렇죠? 그래서 이번에 병원건물을 수리하면서 진료실에 있는 세면대를 없앴어요. 의사가 손을 씻을 때면 환자에게서 등을 돌리게 되죠. 우리는 그게 싫었어요. 손이야 다른 방에 가서 씻으면 되죠. 진료실은 환자를 위한 공간인걸요. 전화도 없앴죠. 전화 받을 일이 생기면 양해를 구하고 잠시 나가서 받으면 되잖아요. 다시 돌아와서 환자에게 완전히 집중해야 해요. 그런데 이런 간단한 일도 점점 지키기 어려워지고 있어요. 요즘 새로 짓는 병원들은 기본적으로 진료실에 전화와 세면대를 설치하더라고요. 단 5분이라도 환자의 말에 귀 기울이는 것이 얼마나 중요한지 모르는 거죠."

"예전에 환자 말에 귀를 기울이는 재주를 가진 직원이 있었어요." 의사는 시선을 위로 향한 채 옛날을 회상했다. "그 사람은 환자와 함께하는 방법을 알고 있었어요. 환자들은 그 사람하고 있으면 시간 가는 줄을 모르겠다고 말하곤 했죠. 단 몇 분을 같이 있었을 뿐인데 굉장히 오랜 시간 잘 알고 지낸 사람 같다면서요. 다들 신기해했어요. 저도 정말 궁금하더군요. 도대체 어떤 비결이 있는 건지 말예요. 그래서 그 사람을 유심히 지켜봤어요. 며칠 정도 관찰을 해보니 알겠더라고요. 그 사람은 환자와 만나는 동안은 완전히 환자에게 집중했어요. 한 4분 정도 됐을까? 그 짧은 시간 동안, 그들을 바라보는 나도 그보다 훨씬 오랜 시간이 지난 것처럼 느껴졌죠. 그래서 저부터 환자를 대하는 마음가짐을 다잡았어요. 병원 직원들에게도 늘 얘기해요. 환자와 같이 있는 시간이 얼마나 되든 그 시간을 최대한 활용하라고요. 완전히 환자를 위한 시간이죠."

사실 환자는 그날 아침에 잡혀 있는 진료약속을 취소할까 고민했었다. 끔찍한 겨울 폭풍우가 몰아치고 있었기 때문이었다. 아니 그건 핑계에 불과한지도 몰랐다. 갱년기가 다가오고 있다는 점, 자신이 그만큼 늙었다는 점을 인정하기 싫었다. 어쩌면 자기 삶을 바꿔버릴지도 모를 조직검사를 받아야 한다는 사실도 끔찍했다. 무엇보다도 의사가 청진기를 통해서 들리는 소리 말고는 아무 얘기도 듣지 않을까봐 걱정이 됐다. 정말 나한테 중요한 일들을 얘기한들 의사가 들어줄 것이란 확신도 없었다. 하지만 이제는 안심하고 의사를 대할 수 있을 것 같았다. 디쉬울로 의사는 환자의 이야기를 충실하게 들어줬을 뿐만 아니라 환자가 필요로 하는 것을 진정으로 고민하는 사람이었다.

대화가 끝날 무렵, 환자는 어떤 생각을 했을까? 알아듣지도 못할 의학용어를 들먹이고 치료비를 감당할 수 있는 환자인지 살피는 의사가 아니어서 천만다행이라고 생각했을 것이다. 환자가 아니라 인간적인 대우를 받았다고 느꼈을 것이다. 의사가 진정으로 환자의 마음속에 들어올 때 일어날 수 있는 일이다.

_ 환자 곁에서 함께 고통을 느끼는 이에게

사랑으로 장식한
크리스마스트리

Supporting the caregiver ●　　　위로를 위한 관
　　　　　　　　　　　　　심과 노력은 대
부분 아픈 사람에게 집중되어 있다. 그러나 건강상의 위기에는 전
혀 생각지 못했던 다른 면도 있다.

청천벽력과 같은 소식이다. 윌리스가 전립선암이라니!

약혼자의 예기치 못한 암 선고는 마리앤에게도 엄청난 충격이었
다. 하지만 마리앤은 윌리스를 위해 씩씩하게 살아야 했다. 윌리
스를 곁에서 간호하는 한편 의사와 전문가들을 만나 전립선암과
싸우는 법을 배웠다. 성 장애, 요실금, 성 생활, 자긍심, 수술 후 합
병증 등에 대한 의문사항에 해답을 찾아야 했고, 나중에 암이 재발
될 경우에 대한 정보도 필요했다.

몇 달 동안 마리앤은 사랑하는 남자와 함께 웃고 울었다. 전에는
결코 상상도 못한 일이었다. 하지만 그의 곁을 지켜주려 애썼다. 그
러던 어느 날 마리앤은 친구에게 편지를 썼다.

'문득 깨달았어. 이건 나에게도 견딜 수 없는 비극이라고. 갑자기 모든 게 바뀌어버렸어. 지난 3년간 우리가 얼마나 행복했는데…. 모든 걸 송두리째 뺏겨버린 기분이야. 윌리스를 사랑해. 그의 곁을 지켜주고 싶어. 눈 뜰 때부터 잠들기까지 온통 그를 위해 존재해야 하는 때인 건 알아. 하지만…. 난 외로워. 도대체 난 어떡해야 해?'

윌리스의 병으로 마리앤의 삶도 완전히 바뀌었다. 불확실한 미래가 두려웠고 언제까지 버틸 수 있는지 의문이었다. 사랑이 식어서가 아니었다. 하지만 어떻게 이야기해도 사람들은 자신을 이기적인 사람으로 여길 것만 같았다. 윌리스는 생명이 위험한 상태였다. 마리앤에게는 영혼을 나눈 사랑이자 벗이 위험하다는 의미다.

힘든 시간을 겪는 건 환자만이 아니다. 환자의 배우자, 가족, 친구 등 곁에 있는 사람들도 만만치 않은 고통을 겪게 마련이다. 그들은 과연 자기가 잘 하고 있는지 궁금해한다. 함께 불평하고, 걱정하고, 그러면서도 사랑이 식었다거나 이기적이라고 느끼지 않을 사람이 필요하다. "난 어떡해?"라는 그들의 질문에 아무런 가치판단을 하지 않을 사람 말이다.

그들에게 해줄 수 있는 건 뭐가 있을까? 예쁜 카드에 '꿋꿋하게 버텨. 아자!'라고 써서 보내보자. 꽃다발이나 선물을 보내는 것도 좋다. 집안일을 해주거나, 잠시 쉴 시간을 만들어주는 건 어떨까? 외로움을 느끼지 않도록 말동무가 되어주는 건 어떨까? 전화를 걸

자마자 환자의 상태를 묻는 질문은 삼가는 게 좋다. 우선 잠시 시간을 두고 지금 간호하는 사람은 어떤 상태일지 생각해보라.

"당신 걱정도 좀 하세요. 끼니는 잘 챙겨먹고 있는 건가요? 뭐 필요한 건 없어요?" 도와줄 수 있는 단체나 기관, 전문가를 알아봐준다는 제의를 해보자. 그들은 마음과 몸이 온통 지쳐 있다. 사람들을 대하고 밤낮 없는 간호에 벅차하던 사람들은 고마움을 느낄 것이다.

모두가 건강했을 때 함께 했던 일들에 향수를 느낄지도 모른다. 케이와 남편은 거의 40년 세월 동안 한 해도 빠지지 않고 함께 크리스마스트리를 장식했다. 하지만 아무래도 올해는 포기해야 할 것 같다. 얼마 전부터 남편이 치매 증상을 보이기 시작한 것이다.

"작년 이맘때만 해도 우린 '올해는 어떻게 장식할까'를 같이 고민했지. 너희들을 초대하고 처음 트리전구를 켰을 때의 그 환상적인 느낌을 어떻게 잊을 수 있겠니. 하지만 올해는 그럴 수 없게 됐어. 휴… 그이와 함께 트리 장식을 할 수 있는 날이 올까?"

좌절감에 빠진 케이의 전화를 받은 친구는 잠시 생각하더니 이렇게 물었다. "동네 친구들에게 부탁해보는 게 어떨까? 여러 명이 함께 트리를 장식하는 거야. 물론 릭(케이의 남편)에게도 할 일을 줄 수 있겠지. 함께한다는 게 중요한 거니까."

케이의 이웃들은 기꺼이 트리 장식을 도와주었다. 가끔씩 릭이 성냥으로 불장난을 하거나, 장식용 리본을 몸에 친친 감는 등 말썽을 부려도 친구들이 함께 집안을 청소해주고 릭을 돌봐줬다. 마침

내 트리 점등식을 하려는 날, 케이는 이웃과 친구들을 모두 초대해 파티를 열었다. 올 겨울을 아름답게 장식할 트리전구가 켜지는 순간, 릭은 어린애처럼 팔짝팔짝 뛰며 좋아했다. "저건 내 거야. 내가 만들었다고."

케이는 그런 남편을 바라보며 뜨거운 눈물을 흘렸다. 입가에는 미소를 띤 채 말이다.

"나 혼자 문제를 다 안고 가려고 했다면 이렇게 멋진 순간을 맞이하지 못했을 거예요. 모든 걸 자포자기하고는 지금쯤 혼자서 엉엉 울고 있었을지도 모르죠. 이토록 멋진 생각을 내게 말해준 친구에게 정말 고맙다는 말을 하고 싶어요. 저와 릭을 도와준 이웃사촌들도요. 지난 1주일간 우리가 받은 사랑과 관심을 어떻게 말로 표현할 수 있겠어요? 평생 잊지 못할 거예요. 정말, 정말 고마워요."

_ 시력을 잃어버린 친구에게

제2의 시력

When a disability becomes an ability ● "나쁜 소식이야."

티나는 단도직입적으로 말했다. "오른쪽 눈이 안 보여. 아니, 모든 게 뿌옇게 보여. 이유도 몰라. 의사도 모르겠대. 원인도 치료방법도 없대. 이럴 순 없어. 미치겠어."

티나는 의사가 해준 이야기들을 한참 동안 늘어놓았다. 티나의 이야기를 모두 듣고 난 후, 나는 잠시 생각을 해보고는 물어보았다. "흠, 지금 당장 필요한 게 뭐니?"

"얘기. '만약의 경우'를 이야기하고 싶어." 티나의 대답이었다. "이리저리 돌려서 말할 필요 없어. 핵심을 피하고 싶지 않아!"

"좋아, 그럼 '만약의 경우'에 대해 이야기해보자." 내가 말했다. "최악의 사태는 뭘까? 영원히 장님이 되는 것?"

"아니." 티나가 대답했다. "아직 거기까지는 생각 못해봤어. 지금 상황에서 일어날 수 있는 최악의 경우라면 애꾸눈이 되는 거겠지. 오른쪽 눈 말야."

"알았어." 나는 말을 이었다. "애꾸눈이 되면 뭐가 나쁜데?"

"글쎄…." 티나는 잠시 뜸을 들이더니 이렇게 말했다. "그래도 한쪽 눈은 좋으니까 여전히 책도 읽고 운전도 할 수 있지. 나한테는 두 가지 종류의 시력이 있는 것 같아. 어느 날엔가 실험을 해봤어. 잘 보이는 눈을 손으로 가리고 흐릿한 눈으로만 보면 어떻게 보이는지 말이야. 어떻게 보이는지 짐작할 수 있겠니? 사물이 마치 테두리가 없는 것처럼 보여."

나는 티나가 한 말의 의미를 다른 식으로 표현해보았다. "내가 제대로 알아들은 건가? 넌 시력을 잃을까봐 걱정하고 있어. 그 후에 어떻게 될지 몰라서 그렇겠지. 그런데 세계를 테두리가 없는 상태로 볼 수 있는 거야. 마치 사물이 부드럽게 다가오는 것처럼 말이야. 그런데…."

"그래, 맞아." 티나는 내가 말하는 중간에 끼어들었다. "사실 되게 신기했거든. 다른 사람들도 이런 식으로 볼 수 있으면 좋겠다는 생각까지 했다니까. 뚜렷하진 않더라도 부드럽게 말이야. 세상을 보는 관점이 달라질 걸?"

티나와 나는 시간을 갖고 문제를 다른 관점에서 바라보기 위한 이야기를 나눴다. '문이 닫히면 창문이 열린다'는 격언도 있지만, 때때로 창문을 찾는 데는 도움이 필요한 법이다.

얼마간 티나의 말을 듣고 나자, 몇 년 전 겪었던 내 이야기를 들려주고 싶은 생각이 들었다.

"전에 우리 집에서 파티를 했을 때, 내가 만든 음식을 먹은 사람들이 모두 배탈이 나서 충격을 받았잖아. 기억 나? 난 거의 한 달간 냄새도 못 맡고 맛도 못 느꼈지. 그래도 나름대로 배운 게 있어. 한 번 들어볼래?"

"응, 얘기해줘." 티나는 듣고 싶다고 말했다.

"사람들은 나한테 '세상에, 정말 끔찍하다.' 내지는 '초콜릿도 먹고 싶지 않아?' 라고 물었어. 후각이나 미각을 '잃었을 때' 좋은 점도 있다는 건 알 턱이 없었겠지. 하지만 난 맛을 볼 수 없었던 반면 갑자기 음식의 질감이나 신선함을 느낄 수 있었어. 꽃 향기를 맡을 순 없었지만 쓰레기 냄새나 방귀 냄새 때문에 괴로워할 필요도 없었지. 혼란스러웠냐고? 물론이야. 초콜릿? 두말하면 잔소리지. 내가 초콜릿을 얼마나 좋아하는데. 대신 다른 감각이 예민해졌어. 일종의 '잃고 찾는' 과정을 겪었던 거야. 누군가가 날 너무 불쌍하게 여기면, 감각의 일부분을 잃어버렸다고 해서 반드시 장애를 의미하는 건 아니라고 화내지 않고 얘기해줄 수 있었어. 오히려 장점도 있다고 말이야."

누구도 갑자기 시력을 잃는 일을 반가워하지 않는다. 특히 재능 있는 화가였던 티나에게는 엄청난 비극이었다. 처음에는 그렇게 생각했다. 하지만 우리 대화의 결론으로는, 설사 애꾸눈이 된다 하더라도 티나는 제2의 시력을 새로 발견하게 될 것이었다.

올리버 색스 *Oliver Sacks* 박사가 쓴 책을 각색한 영화 "사랑이 머무는 풍경 *First Sight*" 은 한 가지 능력을 잃고 나서 다른 능력을 얻을 수도 있다는 점을 일깨워주는 아름다운 작품이다. 영화 속 이야기는 3세 때 시력을 잃고 장님으로 살다가 실험적인 수술의 결과로 잠시 시력을 회복했던 셜 제닝스 *Shirl Jennings*의 이야기를 바탕으로 한 실화다. 수술효과는 일시적이어서 곧 그는 다시 장님이 되었다. 그를 그림자처럼 돌봤던 바바라 *Babara Jennings*는 조각을 계속하고 셜은 시력을 되찾지 못했지만 지금도 서로의 모습을 있는 그대로 사랑하며 행복하게 살고 있다고 한다.

다음은 한 의료전문가 모임에서 셜이 한 이야기다.

"지금 저는 시력을 되찾았을 때보다 오히려 더 잘 보고 있다고 생각합니다. 눈으로 보는 것이 전부는 아니기 때문입니다. 자기 자신, 다른 사람, 삶에 대한 진실을 볼 수 없다면 암흑 속에서 사는 것이나 마찬가지입니다. 그건 수술로도 치유할 수 없습니다. 진실을 보는 데는 눈이 필요 없습니다."

특정한 능력이 사라졌을 때, 그것 없이는 도저히 살아갈 수 없으리라 생각하지 마라. 한 가지 능력을 잃게 된다 해도, 더 많은 다른 것들을 얻을 수 있을 것이다. 누구나 있는 모습 그대로 사랑하고 사랑받을 자격이 있다.

_ 마음의 상처를 감추고 있는 이에게

팔 하나
부러졌을 뿐인데…

When you can't see their pain ● 며칠 전 로베르
타는 집에서 스
타킹을 신다가 미끄러져 오른쪽 팔에 깁스를 해야 했다. 하지만 오
늘은 발렌타인 파티. 로베르타는 근사하게 차려 입고 의자에 앉아
서 처음 만난 낯선 사람과 이야기를 나누고 있었다. 명랑하지만 무
척 피곤해 보였다. 깁스한 팔조차 들고 있기 힘들어 보였다. 묵직한
가죽붕대가 걸쳐진 어깨도 축 처져 있었다. 로베르타는 왼손으로
음식을 먹으려 애썼다. 정말로 별일 아닌 것처럼 태연해하면서 말
이다. "그저 팔이 부러졌을 뿐인걸요. 심장이 조각난 것도 아니잖
아요."

로베르타의 직업은 마음과 삶이 산산조각 난 사람들을 고치는 일
이다. 환자들은 자신이 느끼는 상실, 희망, 슬픔, 두려움, 고통을 들
어달라고 그녀에게 돈을 지불한다. 감정이 폭발해버릴 때까지 마
음의 상처를 억누르고 있던 사람들이다.

이제 로베르타는 낯선 사람에게 심리 상담가의 세계에 대해 정중

하게 말하고 있다. 그러다 잠시 말을 멈추는가 싶더니, 문득 얼굴을 들고는 "우울해요."라고 털어놓는다. 깁스한 팔의 통증이나 가식적인 미소, 술이나 파티 분위기 때문이 아니었다. 충격 때문이었다. 언제나 다른 사람을 도와주던 자신이 와르르 무너지고 있다는 사실이 믿기지 않았다. 외로웠다…! 자신에게도 그런 감정이 있었나 싶은데, 갑자기 눈물이 날 정도로 외로웠다. 난 항상 다른 사람을 도와주고 돌보는데, 나는 누가 돌봐주지? 고통스러운 감정을 마지막으로 느낀 게 언제였는지 기억도 나지 않는다. 다른 사람들의 감정에 휘둘리게 되면 상담가로서의 객관성을 유지할 수 없기 때문에, 언제나 마음의 벽을 쌓아 고통이 침투하지 못하게 막아왔다. 팔이 부러지고, 아무 관련도 없는 낯선 사람이 연민을 가지고 내 이야기를 들어줄 때까지는.

"우스워요." 로베르타가 말했다. "난 항상 문제의 핵심을 잘 파악했고, 사람들 돕는 데는 전문가라고 생각했는데. 친구들이나 고객들 모두 전보다 요즘이 훨씬 나아 보인대요. 말 걸기도 훨씬 쉽고 도움도 된다고요."

"당신도 우리 모두와 같은 인간이라고 느끼니까 그런 거겠죠." 낯선 사람이 덧붙였다. "나도 그런 경험을 한 적이 있어요. 내 삶이 산산조각 날수록 사람들은 나와 더 가까워졌다고 느끼죠. 이 말을 하려는 거였나요?"

"예, 정말 그래요. 나 혼자만 그렇게 느끼는 게 아니라는 걸 알고 나니 안심이 되네요." 로베르타는 힘없이 웃었다.

로베르타는 아팠다. 단지 부러진 팔 때문만은 아니었다. 하지만 그걸 어떻게 알 수 있겠는가? 그 사람의 겉모습 이면에서 무슨 일이 벌어지고 있는지 어떻게 알겠는가?

친구들이 우리에게 뭔가를 베풀기 위해 기다린다는 사실을 깨닫게 되는 때가 있다. 완벽한 삶을 사는 것이 아니라 자기처럼 실수도 하고 고통도 받는 인간적인 모습을 보고 싶어 한다는 사실 말이다. 다른 사람이 우리 삶 속에 들어올 수 있도록 하기 전에, 먼저 자신을 스스로의 삶 속에 들여보내야 한다. 그러기 위해서는 우리 안에 있는 무언가를 깨거나 찢어내야 한다. 스스로 설정해놓은 삶 바깥에 제일 먼저 가둬버린 건 바로 우리 자신이기 때문이다.

그날 밤, 로베르타는 그토록 오랫동안 견고하게 구축해놓은 삶조차도 위험한 변화의 순간에 이르러 산산조각 날 수 있다는 사실을 깨달았다. 그리고 자신의 삶을 다시 제자리로 돌려놓기 위해서는 다른 사람에게 도움을 요청해야한다는 사실을 깨달았다.

어떤 상황의 이면에는 누구도 인식하지 못하는 요소가 많을 수 있다. 그다지 심각해보이지 않는 사고라 하더라도, 과거에 받았던 (혹은 받지 못했던) 따뜻한 보살핌에 대한 기억이 떠오를 수 있다. 도움을 요청하는 일을 불편해하는 사람이라면, 그 사람의 독립심을 인정해주는 편이 좋다. 그런 후에 당신이 쉽게 할 수 있는 일을 제안해야 좀더 쉽게 받아들여질 것이다. 작은 단계부터 천천히 밟아가는 것이다.

_ 죽음의 문턱에서 살아남은 이에게

구사일생

Close calls ●　　　위기의 순간을
맞아　아무런
상처 없이 빠져나올 수 있었다 해도 삶이 영원히 달라질 수 있다. 남동생이 20회 고등학교 동창회에 갔다가 하마터면 돌아오지 못할 뻔했을 때부터, 나는 구사일생의 경험을 한 사람들의 이야기에 흥미를 갖기 시작했다.

"돌아왔어."

굳이 보고할 일이 아닌데도 전화를 한 동생에게 조금은 의아해하며 내가 물었다. "그래, 동창회는 어땠니?"

"좋았지, 좋았어." 동생은 무심하게 대답하더니 느닷없이 블루리지 산맥을 혼자 다녀왔다는 이야기를 하기 시작했다. 동창회에 관해서는 한 마디도 하지 않았다.

이상했다. 어쨌거나 이번 여행의 주 목적은 처음으로 고등학교 동창회에 참석하는 것이 아니었던가. 하지만 동생은 은연중에 암

시를 주고 있었다. 괜히 이런저런 질문을 해서 피곤하게 하지 말고 그저 동생이 하고 싶어 하는 말을 하게 내버려두라는 뜻인 듯했다. 주절주절 숲 속 얘기를 하던 동생은 갑자기 곰을 만나서 죽을 뻔했다는 말을 했다.

"곰이라고? 하긴 그럴 수도 있겠다. 블루 리지잖아." 나는 태연한 척하려 했다. 어린 시절 블루 리지로 소풍을 갔을 때 곰을 몇 번 봤었다. 곰은 길로 내려와 자동차를 막아서곤 했다. 우리는 곰이 알아서 자리를 뜰 때까지 자동차 안에서 꼼짝도 못하고 무서움에 벌벌 떨었다.

나는 물었다. "그래서 무슨 일이 있었니? 그래도 괜찮으니까 지금 전화를 하는 거겠지."

동생은 어디까지 이야기해줘야 할지 망설이듯 잠시 말을 멈췄다. '누나'들은 '막내' 남동생에게 무슨 일이 생겼다는 소식을 듣게 되면 매우 강하게 반응하기 때문이었다.

～

산 밑 등성이를 따라서 4km 정도 걷고 난 후에 점심을 먹으려 했어. 평평한 바위에 앉아 경치를 즐기면서 밥을 먹으려 했지. 그런데 바위 위에 앉은 내 모습을 사진으로 남기고 싶어졌어. 주위에 사람이라곤 나뿐이었어. 거긴 등산로가 아니었거든. 카메라를 나무 그루터기에 올려놓고 자동 셔터 장치를 작동시켰지. 사진을 찍은 후에 다시 카메라를 가지러 돌아가는데, 그루터기 뒷쪽에 곰이 있는 거야. 거짓말 안 하고, 150kg은 되어 보이는 정말 커다란 검은 곰이었어.

곰이 내 쪽으로 서서히 다가오더라고. 내가 도망갈 길을 막으면서 말이야. 너무 놀라서 한 40초 동안은 그냥 멍하니 서 있기만 했어. 꼭 10분은 지난 것 같더라. 아무 생각도 안 나고, 시간이 그대로 멈춘 것 같았지. 곰한테는 내가 침착해 보였겠지만 내 속은 절대 침착하지 못했어. 주변이 어찌나 조용하던지 내 심장 뛰는 소리가 쿵쿵 울리는 듯했다고. 난 완전히 무방비 상태였어. 속으로 계속 되뇌었지. 겁먹지 말자. 눈을 쳐다봐. 움직이지 마.

곰이 계속 다가왔지. 한 5m 정도 가까이까지 왔을 때, 갑자기 사진을 찍어야겠다는 생각이 드는 거야. 제기랄, 이왕 이렇게 된 바에 사진이라도 찍어야지, 안 그러면 아무도 안 믿을 거야. 조심스럽게 몇 발자국 앞으로 나가서 카메라를 집어 들자 곰은 뒷발로 똑바로 서서는 공중에 대고 쿵쿵 냄새를 맡았지. 무슨 정신으로 그랬는지 몰라. 아무튼 난 사진을 찍었고, 곰은 다시 네 발로 걸어서 돌아가더라고.

한참 동안 그 자리에 꼼짝도 않고 서 있다가, 빨리 나와서 등산로를 타야겠다고 생각했어. 그런데 가는 도중에 또 곰을 만난 거야. 난 다른 길을 몰랐어. 어쩔 수 없잖아. 진짜 아슬아슬했어. 다행히 곰이 나무열매를 따먹느라 정신이 없었기 망정이지. 가까스로 곰 옆을 지나 언덕을 향해 내달렸어. 만약에 대비해서 돌멩이랑 나뭇가지를 집어 들고 뛰었어.

언덕 위로 올라가서 뒤를 돌아보니, 글쎄 곰이 쫓아오고 있는 거야. 아, 나한테 무슨 억하심정이 있는 것도 아닐 텐데, 정말 미치겠더라고. 아무래도 이번에는 꼼짝없이 잡힐 것만 같았어. 나 혼자뿐인데. 내가 지금 여기 있다는 건 아무도 모를 텐데. 이렇게 허무하게 죽는 건가.

곰은 날 거의 따라잡아서 간격이 3m 정도밖에 안 됐어. 그런데 갑자기 두 발로 서더니 땅을 탕탕 치는 거야. 난 오른손에는 나뭇가지, 왼손에는 돌멩이를 움켜쥐고는 몸을 웅크렸지. 그래, 어디 한번 덤벼봐라. 그런데 갑자기 곰이 아래쪽 나무숲을 내려다보는 거야. 아까 따먹던 나무열매는 자기 거라고 말하는 것 같았어. 그러고는 어슬렁어슬렁 기어가버렸어.

곰이 완전히 가버리고 나니까 갑자기 온몸에 힘이 쭉 빠지면서 주저앉아버렸어. 와, 진짜 죽을 뻔했다, 하는 생각이 들더라고.

❧

남동생은 시속 300km의 무시무시한 허리케인 폭풍 한가운데에 들어간 적이 있었고, 교통사고를 당한 적이 있었다. 물론 이 두 사건을 겪고도 살아났다. 하지만 이번 사건은 전과는 달랐다. 전에는 너무 순식간에 일어난 일이라 기억나는 것도 별로 없었지만 이번에는 앞으로 벌어질 일을 예측하고 행동을 취할 시간이 충분했던 것이다.

"그래서 지금은 어떠니?" 돌아온 지 며칠이 지났다는 생각을 하면서 물었다. 사건을 받아들이려면 시간이 필요했을 것이다.

그는 이렇게 대답했다. "산에서 내려온 후로 사람들에게 훨씬 더 잘해주고 있어. 시간을 들여서 작은 것에도 감사하고. 통상 나를 괴롭히던 일들이 이젠 그만큼 괴롭지 않아. 큰일인 것 같던 많은 일들도 이제는 해결할 수 있는 자그마한 문제로 축소되었고. 덤벼드는 곰을 겪어내고 나니까 그런 일들은 이제 작은 일에 불과해."

자동차 사고를 당할 뻔했든, 폭발 위협을 받든, 놓친 비행기가 추락하는 사고를 당하든, 범죄나 습격을 당할 뻔했든, 높은 사다리에서 떨어질 뻔했든, 구사일생으로 살아난 사람들의 반응은 각기 다르다. 어떤 사람들은 아무 일도 없었다는 듯 예전의 일상으로 돌아간다. 그러나 몇몇 사람들은 삶을 달리 보게 된다. 죽음의 문턱까지 갔었지만 아무런 상처를 받지 않았다 하더라도 그들은 우리가 알 수 없는 방식으로 변화를 느낄지도 모른다. 그들에게는 구사일생의 경험이 우선순위를 극적으로 변화시키는 도화선이 될지도 모른다. 그들은 우리가 구사일생의 경험을 가볍게 여기는 것을 원하지 않는다. 몇 년이 지나도 왜 그런 일이 발생했는지 계속 의아해할 수 있다는 사실을 우리가 알아주길 바라는 것이다.

그 일이 있고 난 지 2주가 지난 후, 낚시와 사냥 담당 관리로 일하는 친구가 이런 말을 했다. "정말 운이 좋았네. 죽거나 불구가 되지 않았기 때문에 행운이라는 게 아니야. 야생동물과 직접 대면하는 경험을 하는 사람이 몇이나 되겠어? 귀한 경험이지. 소중하게 생각해야 해."

이 말을 들은 동생은 곰과 만났던 사건을 새로운 관점에서 보기 시작했다고 말했다.

문득 비행기 사고로 가족을 잃은 사람들 생각이 났다. 만약 동생이 예기치 않게 사망했다는 소식을 뉴스나 다른 사람의 입을 통해 들었다면 우리 가족이 어떻게 됐을까? 몸서리가 쳐졌다. 주변에서 일어나는 안전사고에서 테러나 비행기 추락사고에 이르기까지, 도처에 사고의 위험이 도사리고 있다. 동생의 이야기를 듣고, 난 사랑하는 사람이 언제 어떻게 우리 곁을 떠날지 알 길이 없다는 사실을 깨달았다. 구사일생의 경험을 듣게 되었을 때 일어나는 감정에 대해서도 시간을 갖고 생각할 필요가 있다. 스스로의 감정상태를 자세히 들여다보기 전까지는 우리 역시 그다지 편안해질 수 없을지 모른다.

_ 사고의 여파가 사라지지 않을 때

두려움은
그대로 남는다

After the Accident ● 　래리는 몇 주 전
에 친구와 함께
먼 곳에 사는 친구를 방문하기로 약속했다. 하지만 약속한 날짜가
다가오자 도저히 갈 수 없을 것 같은 기분이 들었다. 래리가 약속을
취소하자 친구가 말했다. "너는 의심이 많은 게 탈이야."

　래리는 자신이 아직도 겁을 먹고 있다는 사실이 믿기지 않았다.
그 정도 세월이면 다 잊을 때도 되지 않았는가. 시간이 모든 걸 치
유하는 법인데.

～

　오늘은 땅에 온통 눈과 얼음 천지다. 어느 날 밤 내가 몰던 자동
차가 어둠 속 빙판 위를 빙빙 돌다가 트럭과 충돌하는 바람에 완전
히 박살 났던 때가 생각난다. 트럭 운전사의 잘못이 아니었다. 내
잘못도 아니었다. 단지 자연의 변덕 때문이었다. 달빛이 비추는 평
화로운 도로에 빙판이 있으리라고 누가 알 수 있었겠는가? 차는 종

이처럼 구겨졌고, 나는 평생 편타 손상(채찍질할 때와 같이 순간적으로 머리와 목이 앞뒤로 심하게 요동칠 때 생기는 목의 손상 – 옮긴이)을 안고 살게 되었다. 그 땐 별 일 아닌 것 같았다. 다시 운전을 했고 사고에 대해서는 생각하지 않았다. 사고는 일어나게 마련이니까.

1년쯤 지난 후, 또다시 정면충돌 사고를 당했다. 친구들은 내게 좀 쉬면서 시간을 갖고 삶을 돌아보라고 말했다. 이번에도 편타 손상이었다. 그리 큰일은 아니라는 생각이 들었다. 나는 사고현장에서 벗어나자마자 고객을 만나 일을 했다. 하지만 친구들이 이렇게 묻기 시작했다. "왜 그렇게 거부하기만 하는 거야? 어떻게 하면 삐걱거리는 네 삶을 돌아보게 할 수 있겠니? 네가 지금 정상이라고 생각하는 거니?" 하지만 나는 정말 아무렇지도 않았고, 나를 걱정하는 친구들을 이해할 수가 없었다.

"너는 의심이 많은 게 탈이야."라는 친구의 말을 들은 순간, 나는 태어나서 처음으로 두려운 느낌이 들었다. 낯설다. 나쁜 일이 일어날 때마다 곧바로 행동을 취했기 때문인 것 같다. 난 늘 '나는 강인하다. 나는 견뎌낼 것이다. 이 일은 별것 아니다.' 라고 자신을 세뇌시켜왔다. 사태를 수습하고, 고객을 만나고, 다른 사람의 일을 처리했다. 두려움을 느낄 시간이 없었다. 하지만 친구들은…. 친구의 말을 듣고 가만히 돌아보니 사고가 난 건 다 내가 변하기 위해서였을지도 모른다는 생각이 든다. 두려움은 정상적인 감정이다. 두려움을 느끼지 못하는 것이 비정상이다. 어린 시절부터 '두려워하지 말라' 는 가르침을 받으면서 컸다 해도 말이다.

✎

그날 이후 래리는 변하려고 애썼다. 늘 강인할 필요는 없다는 사실을 받아들이려 했다. 두려움을 있는 그대로 느끼고 표현하려고 했다. 그러던 어느 날, 집 앞을 청소하다가 건너편에 사는 이웃과 이야기를 하게 되었다.

"왠지 나만 바보가 된 듯한 느낌이에요. 다른 사람들은 사고를 당하고도 아주 멀쩡하게 운전하고 다니는데."

래리의 말을 들은 이웃은 교통사고를 당할 뻔 했던 자신의 경험을 이야기하면서 손을 내저었다. "나이가 들면, 죽을 가능성이 높아지죠. 삶에서 안전 폭이 확 줄어드는 거예요. 20대는 완전 무적이죠. 한계가 없어요."

"몇 년만 젊었어도 운전에 대해서라면 눈곱만큼도 걱정하지 않았을 거예요." 래리가 말했다.

"잘 된 거예요." 이웃이 기쁜 듯이 소리쳤다. "젊었을 적에는 생각하지 않았던 거죠. 이제는 하는 거고요. 좋은 현상이에요. 살면서 느끼는 감정을 표현하는 건 지극히 정상적인 일인걸요."

괴로운 시절에 대한 기억은 결코 사라지지 않는다. 중년에 접어들면 오히려 기억속에 자리를 잡는다. 이웃은 쾌활하게 그렇지만 연민의 마음을 담아서 래리의 자의식을 인정해주었다. 래리는 과거에 일어났던 일이 또다시 일어날지도 모른다는 두려움에서 벗어나 좀더 편안해질 수 있었다.

사고를 당하고 나면 많은 의문점이 생긴다. 그러나 사고를 당한 적이 있는 사람들에게 물어보라. 제발 "당신 잘못이었나요?"라고 묻지 말라고 할 것이다. '그렇다'고 대답하면 뭐라고 말을 이을 것인가? 괜히 두 사람 모두에게 어색한 순간을 만들 필요는 없다. "어디 다쳤나요?"라는 질문도 마찬가지다. 다치지 않았으면 두려움과 고통이 더 적어지는가?

교통사고를 당한 사람에게는 이렇게 말해보자. "요즘은 좀 어때요?", "태워다줄까요?", "무슨 일이 있었던 거죠? 말하고 싶지 않으면 하지 않아도 돼요."

교통사고를 당한 사람에게 도움을 줄 수 있는 방법은 다양하다. 실력이 좋은 정비사나 자동차 딜러를 소개해줄 수도 있다. 사고차량에 있던 물건을 가지러 갈 때 같이 가줄 것을 제안해보자. 그들은 동행이 필요 없다고 생각할지도 모른다. 하지만 혼자서 현장에 가면 사고의 기억이 다시 떠오를 것이다. 낯선 사람들이 차 안을 들여다보며 수군거리는 것을 들을 때면 예상치 못한 감정이 표면으로 나타날 수도 있다. 사고를 당한 후에 운전하기를 두려워한다면 대신 운전해주겠다고 제안한다. 아예 차에 타는 것 자체가 끔찍하다면 대신 아이들을 학교에서 데려오거나 심부름을 해줄 수도 있다. 당신의 관심과 배려에 고마워하며 상처를 극복하는 데도 큰 도움이 될 것이다.

소리 없는 외침

Responding to attempted suicide ● 자동응답기에
수수께끼 같은
메시지가 왔다. "무슨 말을 해야 할지 모르겠어. 전화해줘."

오랜 친구였다. 전화를 받는 그녀의 목소리는 비장했다. "그저께 밤에 조카가 자살하려고 했어. 내가 무슨 말을 해야 하니?"

나는 심호흡을 하고는 난 이 분야의 전문가가 아니라고 말했다.

"나도 알아. 자살예방전화 상담자와도 통화해봤어. 하지만 너랑 이야기하고 싶어."

친구는 전문가가 제안했던 방법을 정확하게 실행했다. 자살에 대해서 좀더 많은 사항을 배웠고 이런 경우 어떤 방법으로 도움을 받을 수 있는지 찾아봤다. 조카의 말을 들을 때 반박하지 않고 좀더 개방적인 태도를 보여줄 수 있는 방법에 대해 배웠다.

조카는 불량배에게 끊임없이 괴롭힘을 당한 나머지 그런 일을 저질렀다고 했다. 조카는 지금 청소년 보호시설에 있으며, 조카와 그 가족이 전문적인 상담을 받고 있는 중이었다. 친구는 조카에게 조

언이 아닌 염려하는 마음을 보여주고 싶어 했다.

자살을 생각하는 사람을 대할 때, 보통은 '네가 없어지면 부모가 어떻게 살겠니. 어떤 삶이든 살아볼 가치가 있는 거란다'는 식의 이야기를 하기 쉽다. 하지만 정말 죽음을 실행에 옮길 정도로 절박한 사람은 그런 얘기를 들을 준비가 되어 있지 않다. 그 말을 믿지 못하기 때문이다. 죄책감을 느끼거나 방어적이 되기도 한다. 자살은 자기 자신과의 싸움이며 자신의 생명에 관계된 문제다. 다른 사람의 삶을 위한 것이 아니란 말이다.

누구나 절망감에 빠지는 경험을 한다. 하지만 그 절망감이 평생 지속될 거라고, 희망은 존재하지 않는다고 생각하는 사람이 자살을 생각하는 것이다. 그들에게도 삶의 목표가 있고, 살 만한 가치가 있으며, 사랑하는 사람이 있다는 건 당연하다. 자살을 생각하는 사람들도 이성적으로는 '그렇다'며 고개를 끄덕일지 모른다. 하지만 거기에 더 이상 의미를 부여하지 않는다. 자기 삶은 마비됐고, 이미 죽은 거나 다름없다고 느낀다. 마음도 죽었고, 그래서 아무 얘기도 들을 수 없다고 여기는 것이다. 아무리 훌륭한 말이라 해도 그 장벽을 통과할 수는 없다.

통화를 끝맺으면서 친구에게 이렇게 말했다. "지금 이 순간 네 조카가 들을 수 있는 말이 무엇인지 생각해봐. 네가 하고 싶은 말을 다 쏟아놓으려 하지 마. 조카가 믿을 것 같은 걸로 한 가지만 생각해. 그 한 가지가 좀더 오래 살고 싶은 기분이 들게 할 수도 있어. 죄책감이 들게 해서는 안 돼. '네가 너무 보고 싶어. 너 없는 삶은 상상도 할 수 없단다' 는 식으로도 안 돼. 아직은 말이야. 나중에 얘기해줘도 되잖아."

며칠 후 친구는 10대의 조카에게 보낼 편지를 썼다. 친구는 내게 편지를 보여주었다. 염려와 애정이 깃든 훌륭한 편지였다.

༄

사랑하는 조카에게

지금 당장 네 생각을 들을 수 있었으면 좋겠다. 네가 무엇을 생각하고 있는지, 무엇을 느끼고 있는지 알았으면…. 아무런 판단도 내리지 않고 너와 함께 대화를 나눌 수 있는 사람. 무조건적으로 네 말에 귀를 기울여줄 수 있는 사람. 이모가 그런 사람이 될 수 있으면 정말 좋겠구나.

이모가 너한테 이건 해야 되고 저건 하면 안 되고 하는 식으로 말한 적 없는 건 알지? 물론 지금도 마찬가지야. 하지만 네가 했던 일이 과연 '유일한' 해결책이었는지 물어봐야겠다. 시간이 지나면 네 삶이 변하고 널 괴롭히는 상황도 변하길 바란다.

이모도 폭력은 싫다. 아주 증오하지. 하지만 너나 나 같은 사람에게도 기회는 있을 거야. 참고 당하고만 있을 순 없잖겠니? 이 땅에서 폭력을 몰아낼 수만 있다면 뭐든 해야겠다. 아직은 뭘 해야 할지 잘 모르지만, 너와 같은 사람들과 함께 꼭 이뤄낼 거야.

넌 수잔과 베티에게도 참 좋은 사촌이야. 이 애들이 너를 얼마나 좋아하는지 알지. 네가 삶을 지속하겠다고 결심하길 바란다. 만에 하나라도 목숨을 끊겠다는 생각을 하고 있다면 내게 전화를 해서 말해줬으면 좋겠다. 정말 귀 기울여 들어줄게. 눈에 보이는 것 말고 뭔가 다른 선택사항을 알고 싶다면 언제든 물어보렴. 내키지 않으면 안 해도 되고. 네가 부탁하면 언제든 대답하마. 이모는 원 밖에서 생각하는 데 꽤 능한 편이거든. 원 안에서 보는 것보다 원 밖에서 보는 것이 항상 더 쉬운 법이다. 네가 무엇을 원하는지 무엇을 필요로 하는지 모른다. 하지만 너를 위해서 항상 대기하고 있다는 사실을 알려주고 싶구나. 사랑한다.

∽

자살을 생각하는 사람에게는 마음으로 연결될 수 있는 사람이 필요하다. 위로하고 믿어주고 마음까지 헤아리고, 아무런 판단 없이 말을 들어주고 이해해주는 사람 말이다. 삶이 얼마나 냉혹한지, 상황이 얼마나 절망적인지 이야기할 수 있는 사람이 돼주는 건 정말 중요하다. 죽음의 유혹을 물리치는 전쟁을 치를 때 언제나 함께 있어줄 거란 믿음을 주라. 주위에 도와줄 사람이 없기 때문에 자살을 생각하는 게 아니다. 살아갈 가치가 없는 삶이라는 생각이 들면 아무도 도울 수가 없다.

내 친구는 조카가 정말 죽으려는 게 아니라 도움을 청하고 있는 거라고 생각했다. 그렇지 않았다면 공정한 태도로 그의 말에 귀 기울여주는 일이 훨씬 더 어려웠을 것이다.

마음의 거리

우리가 베풀 수 있는 가장 위대한 선물 중 하나는 고통 받고 있는 사람과 함께 있어주는 것이다. 힘든 시간을 보내고 있는 사람과 함께 있으려면 무엇을 할 수 있겠는가?

같이 숨쉬라. 그렇다. 계속 숨을 쉬는 것이다. 출산의 고통은 겪어보기 전에는 모른다고들 말한다. 분만실에서 일어나는 일을 떠올려보자. 산모, 배우자, 의사, 친구, 간호사가 무엇을 하는가? 산모가 통증의 파도를 타도록 돕기 위해서 같이 숨쉰다. 산모의 손을 잡아주며 함께 호흡을 느끼는 것이다. 그러나 상처 입은 사람과 함께 있을 때는 이와는 정반대되는 일을 하기가 너무나 쉽다. 그들의 고통이 어떤 것이든 우리는 저도 모르는 사이에 숨을 죽이기 시작한다. 근육을 긴장시킨다. 자신을 추스르려 하고, 감정을 통제하려 한다. 우리가 위로하고자 하는 사람도 마찬가지일 것이다. 고통이 밖으로 드러나지 않도록 부단히 애쓰고 있을 것이다.

숨을 죽이면 몸과 두뇌가 단단히 조여지면서 느낄 수 있는 능력마저 잃게 된다. 산소는 세포를 되살리고 피를 순환시킨다. 그래서 옛부터 어려운 상황에 직면할 때마다 심호흡을 하라는 말이 생긴 것이다. 심호흡을 하면 말 그대로 '감각이 되살아난다.' 부드럽고 깊게 호흡하면 마음이 진정되고, 이렇게 이완된 에너지는 당신이 평정심을 갖도록 해줄 것이다.

가장 상처받기 쉬운 시기를 함께한다는 의미는, 그들에게 편안한 마음을 갖도록 해준다는 것이다. 우리에겐 그들의 고통이 전염되지 않을 거라 안심시켜 기꺼이 내보일 수 있도록 도와주는 것이다. 불교에서는 '기꺼이 다른 사람의 고통을 들이마시고 사랑과 축복을 내쉬라'고 한다.

흔히 "다 괜찮아질 거야. 울지 마."라며 위로의 말을 건넨다. 흐느끼거나 소리죽여 우는 사람 곁에 앉아 무력감을 느끼는 건 분명 무척 힘든 일이다. 하지만 슬픔에 푹 빠져서 마음껏 우는 건 나쁜 일이 아니다. 몸은 감정을 밀어내려 한다. 눈물과 함께 모든 슬픔을 쏟아내려 한다. 말 그대로 고통을 흐르게 하려 한다. 서둘러 휴지를 주거나 팔로 안아 일으켜 세우지 마라. 그저 당신이 곁에 있다는 것만을 알게 하면 된다. 그리고 잠시 후에 부드럽게 어루만지거나 어깨를 빌려주라. 그들의 짐을 당신이 짊어질 필요는 없다.

"차라리 이런 일이 나에게 일어났으면 좋겠어요.", "내가 대신 떠안을 수만 있다면 기꺼이 그렇게 할 거예요." 당신은 정말 그렇게 느끼겠지만 상대방에게는 공허하게 들리기 십상이다. 고통을 없애거나 처지를 바꾸고 싶어 하는 마음은 알아도 그렇게 할 수 없으리라는 사실을 그들도 잘 알기 때문이다.

그렇다면 입장을 바꿔서, 주위 사람들에게 내 고통에 대해 알리려면 어떻게 할지 생각해보자. 먼저 당신이 진정 원하는 게 뭔지 알아야 한다. 친구나 가족, 친척들에게 어떤 말을 듣고 싶은가? 차라리 아무 일도 없는 듯 평상시처럼 대해 줬으면 좋겠는가? 당신과 함께 있는 것을 불편해하거나 무시한다면 어떻겠는가? 평소 강인한 모습만 보여줬고, 지금도 통증을 잘 견디고 있는 것으로 보인다면 친구들은 그냥 안심하고 말 수도 있다. 당신에게 어떤 도움이 필요한지, 도움이 필요하긴 한 건지 모를 수밖에 없다. 마음의 목소리에 귀를 기울여라. 두려움을 솔직하게 털어놓지 않으면 다른 사람과의 거리를 좁힐 수 없다. 오히려 외로움만 느낄 뿐이다.

Part 3

직장에서 문제가 생겼을 때

Healing Conversations at Work

_ 다짜고짜 따지고 드는 고객에게

성난 고객을
충성스런 팬으로

Turning angry customers into loyal fans ● 따르릉~. 사무
실로 걸려온 전
화. 늘 그렇듯이 "감사합니다, ×××입니다." 하며 전화를 받는
다. "아니, 물건을 주문한 지가 언젠데 아직도 도착을 안 한단 말이
오? 당신 정신이 있는 거야, 없는 거야?" 다짜고짜 성난 목소리가
들려온다. 무슨 소린지 도무지 영문을 모르겠다. 어떻게 진정시키
나? 어떻게든 최선을 다해서 상황을 모면해야 하나? 회사 측에서
조사를 해보겠다고 해야 하나? 일단 죄송하다고 하고 고객이 만족
할 수 있도록 무슨 일이든 해야 할까?

아무리 경험 많은 베테랑이라 해도, 단단히 화가 난 고객의 독설
을 사심 없이 받아들이기란 쉽지 않다. 다음은 H호텔의 예약담당
이사인 도나에게 일어난 일이다.

✍

S여행사는 우리 호텔 최고 고객 중 하나에요.

어느 날 아침, S여행사 이사인 조지에게서 전화가 왔어요. 처음부터 나에게 소리를 고래고래 질러댔죠. "지금 호텔에 우리 고객이 한 명 와 있죠? 체크인을 하려는데 예약기록이 없다고 했다면서요? 어떻게 된 거요? 당장 확인해보시오!"

확인해보니, 우리 호텔에 온 S여행사 고객은 틀림없이 예약을 했다고 주장하면서 여행사에서 받은 종이 한 장을 내밀었대요. 종이에는 우리 호텔 별 두 개짜리 객실에 예약했다는 내용이 적혀 있었고요. 하지만 우리한테서 받은 예약확인 번호는 없다고 하더군요. 엎친 데 덮친 격으로 호텔에는 빈 방이 하나도 없었어요.

"호텔 운영하는 방법은 아쇼? 어떻게 손님한테 예약이 안 돼 있다고 얘기할 수 있는 거요? 호텔에 치명타를 입힐 거란 걸 몰랐단 말이오? 도대체 무슨 생각을 갖고 일을 하는 거요?"

조지는 거의 이성을 잃은 듯했어요. "우리 손님이 당신 호텔에서 이틀 동안 무료로 묵을 수 있도록 조치하시오."

나는 순간적으로 화가 솟구쳤지만 일단 마음의 평정을 찾기 위해 심호흡을 했어요. 1주일 전쯤에 연수 받은 게 생각났어요. 화가 난 고객을 다루는 법에 대해 역할극을 했었죠. 가장 먼저 할 일은 고객의 말을 귀 기울여 듣는 것이라고 배웠어요. 일을 정당화하거나 이유를 설명하기 시작하면 고객은 더욱 불쾌해하고 화만 더 낼 뿐이라는 거예요. 설사 회사 잘못이 아니라 해도 말이죠!

조지의 분노에 감정적으로 반응하지 않아야겠다고 생각했어요. 그렇게 화가 난다면, 화를 내도록 내버려뒀죠. 어차피 내가 무슨 말을 해도 들으려 하지 않을 테니까요. 조지가 온갖 불평을 쏟아놓고 난 다음에, 나는 숨을 고르고 천천히 말했어요. "조지, 그 고객을 제가 만나서, 경위를 알아보고, 무슨 일인지 알고 난 후에 당신에게 말할게요. 우리 둘이서 이 일을 해결할 수 있잖아요."

"나한테 전화할 생각하지 마쇼. 그냥 방이나 구해봐요." 그는 이렇게 말하고는 전화를 끊어버렸어요.

우선 할 일은 해야 했어요. 손님에게 별 네 개짜리 객실을 내주었죠. 그런 후에 어떻게 이런 일이 생긴 것인지 조사해봤어요. 여행사 직원이 우리 호텔과 비슷한 이름의 근처 호텔에 잘못 예약한 것 같았어요. 그 호텔에 전화해서 예약을 확인했죠.

조지에게 전화를 걸기 전에 다시 한 번 멈추고 심호흡을 했어요. 우리 측 잘못이 아니라는 게 밝혀졌지만, 이런 태도가 내 목소리에 배어 조지가 불쾌하게 여길까봐 조심스럽더라고요. 연수과정에서 배웠던 사항, 즉 다른 사람 입장에 처해보라는 걸 한번 실습해보고도 싶었죠. 내가 호텔방을 예약했다고 잠시 생각해봤어요. '막상 가보니 직원이 예약이 안 돼 있다고 말한다면 어떨까? 나 같아도 무척이나 화가 났을 거야. 창피하고 당혹스럽겠지.' 이런 생각을 가지고 조지에게 전화를 했어요. "조지, 일단 손님께 별 네 개짜리 객실을 내드렸어요. 두 등급이나 높인 거 아시죠? 그리고 그 일은 우리가 조사를 해봤는데요…."

"확실해요?" 조지는 처음엔 내 말을 믿지 못하더군요. 나는 해당 호텔로부터 받은 서류를 팩스로 보내주겠다고 조용하게 말했어요.

실수를 했던 건 조지의 부하직원이었죠.

내 말을 들은 조지는 금방 사과를 했어요. "이런, 정말 미안하게 됐네요. 우리 회사에서 저지른 실순데, 괜히 애꿎은 사람한테 소리를 질렀구먼. 지금 사무실에 인원이 부족해서 나 혼자 네 사람 몫의 일을 하는 중이라오. 하지만 변명할 생각은 없어요. 어쨌든 내가 잘 못했소."

난 기분이 좋아져서는 이렇게 대답했어요. "괜찮아요. 실수는 일어나게 마련인걸요. 어쨌거나 당신 고객이 당장 머물 수 있는 객실을 제공했고, 실수의 원인을 찾아서 기뻐요. 사과해줘서 고마워요. 진심으로요."

예전 같았으면 우린 아무 잘못 없다고 우기느라 더 많은 시간을 허비했을 거예요. 그랬다면 여행사에서 급하게 다른 호텔에 방을 잡았을 거고 그 손님은 다시는 우리 호텔을 찾지 않겠죠. 여행사도 다른 호텔로 거래처를 옮길 테고요.

조지가 이 일을 상부에 보고했나봐요. 우리 호텔 사장님 앞으로 편지가 왔더군요. 발신인은 S여행사 경영자였구요.

'고객과의 문제를 순조롭게 처리해준 H호텔의 방식에 매우 깊은 감명을 받았습니다. 앞으로 우리 회사의 모든 거래를 당신 호텔과 하겠습니다.'

까다로운 고객을 대하는 데 가장 힘든 점은 무엇일까? 도나는 이렇게 말했다. "입을 다무는 거요. 바로 발끈해서 호텔을 옹호하거나 반박하지 않고 고객이 하고 싶은 말을 다 할 때까지 기다려주는 거죠. 고객이 억지주장을 할 때 어떻게 대처해야 하는지 알게 된 이후로는 회사에서 통상 발생하던 손실액도 눈에 띄게 줄어들었어요. 요즘은 '성난 고객을 내 편으로 만드는 4단계 기법'을 신입사원들에게 교육시키고 있어요. 첫째 고객의 말을 경청하고, 둘째 조사하고, 셋째 고객의 입장에 서보고, 마지막으로 오해를 푸는 것이죠."

_ 직원끼리 잘 어울리지 못할 때
경청의 힘

When staff don´t get along ● 　　직원끼리 잘 어
　　　　　　　　　　　　　　　울리지 못하면
회사는 돈 이상의 대가를 치르게 된다. 각자의 자존심은 무너지고,
관리자는 어색한 상황에서 입장이 난처해진다.

　　　　　　　　　　　　　　✍

　"레이첼, 드릴 말씀이 있어요."

　어느 날 저녁, 마크가 내 사무실에 들어오더니 '더 이상은 참을
수 없다'고 선언했다. 또 로저와 부딪힌 모양이다. 로저는 입사면
접 때도 "전 아마 다른 사람들하고 잘 지낼 수 없을 겁니다."라고
말해 우릴 놀라게 했었다. 하지만 그는 채용됐다. 이 분야에 꽤 깊
은 지식을 갖고 있었기 때문이었다.

　개인적인 주제는 내가 가장 꺼리는 부분이었다. 하지만 직장상
사로서 내가 할 일 중엔 부하직원 간에 일어난 갈등을 해결해주는
것도 포함돼 있다. 마크가 나를 찾아왔을 때, 나는 이미 로저를 떠

140

올리고 있었다. 마크에게는 고충을 알고 있다고 얘기해주고, 그래도 잘 견디고 업무에 지장 없도록 하라고 설득하려 했다. 그건 관리자로서 나오는 자동적인 반응이다.

하지만 이번엔 다른 방법을 시도해보기로 했다. 나는 그냥 단순히 "마크, 상당히 화가 난 모양이네요."라고 말하는 것으로 대화를 시작했다.

"네. 정말 화가 났어요." 마크가 말했다. "로저는 날 완전히 애 취급해요. 다섯 살짜리 꼬마 대하듯 한다니까요."

그가 정말로 말하려는 게 뭘까? 어린애 취급 받는다고 느낀다면 아마 존중받고 싶다는 얘기겠지. "로저가 당신을 존중하지 않는 모양이죠?"

마크는 잠시 뜸을 들이더니 천천히 말했다. "아뇨, 꼭 그런 건 아니에요. 날 존중하지 않는 게 아니라, 내가 알고 있는 것들을 인정하지 않는다는 거죠."

그의 어조가 바뀌었다. 분이 좀 풀린 것 같았다. 나도 깨달은 바가 있었다. 진지하게 그를 이해해보려 했더니 그가 진정하기 시작한 것이다. 처음으로 나는 우리가 서로 깊은 이해를 주고받길 원하고 있다는 사실을 알았다. 나는 다른 말을 하기보다는 그냥 마크의 말을 듣기로 했다.

"로저는 너무 바빠요. 제가 뭘 얼마나 배웠는지조차 모른다고요."

마크는 로저를 새로운 각도에서 보기 시작했다. 나 또한 문제를 새로운 방향에서 보기 시작했다. 우리는 이렇게 문제의 근본원인에 다가갔다. 놀랍게도 문제의 근원은 로저의 인격이 아니었다. "그러니까, 로저가 자기 업무에 너무나 몰두해 있는 바람에 당신을 신경 쓸 여력이 없다는 거죠? 당신은 현장에 나가 신제품을 판매할 준비가 되어 있는데 말이죠."

마크는 다시 뜸을 들였다. 그리고는 이렇게 말했다. "예, 그래요. 로저에겐 시간이 없어요. 제가 그동안 얼마나 발전했는지 알려줘야 하는 사람은 저밖에 없군요. 출장계획에 대해 그와 이야기해봐야겠어요. 지금 바로 가서 이야기해야겠네요. 이제 문제가 해결됐어요. 출장판매를 승인해주실 거죠?"

꿈

이 몇 분간의 대화가 레이첼에게는 일종의 '사건'이었다. 그녀는 자기가 모든 문제를 알고 있다고 생각했다. 즉 까다롭지만 재능 있는 직원이 다른 직원의 신경을 거스르고 있다고 생각한 것이다. 하지만 문제의 핵심은 그게 아니었다. 마크에게 맞장구를 쳐주거나, 당장 로저에게 달려가 설교를 늘어놓는 대신 조금 시간을 가지고 천천히 대화를 나누자 문제의 핵심에 접근할 수 있었다. 문제의 핵심이란 바로 두 직원이 서로 의사소통을 하지 않았던 것이다. 로저는 마크가 현장에 투입되어 정식으로 일할 준비를 갖췄다는 사실을 알지 못했고, 마크는 로저가 너무 바빠서 미처 자신을 신경쓰지 못했다는 점을 깨닫지 못했었다.

회사의 경영진은 '듣는 일'을 수동적인 일로 여긴다. 그들은 '행동' 을 취해야 한다고 생각한다. 하지만 말 뒤에 숨은 감정을 듣는 것이 갈등을 해소하는 첫 단계임을 알아야 한다. 레이첼이 발견한 사실은, 직원들은 스스로 문제를 해결할 수 있는 놀라운 능력을 가지고 있다는 것이다. 자신은 그저 이야기를 들어주기만 하면 됐다.

지도자의 임무는 사람들 사이에 관계의 질을 확보하는 것일지도 모른다. 리더라고 해서 모든 해답을 알고 있는 건 아니다. 직원 간의 오해에서 빚어진 갈등의 물결을 의식적으로 걸러내는 것이 리더의 역할이다. 직원들 사이에 있는 차이점을 이어주는 다리가 되려면 서로 관심을 베풀어 동료와 회사 모두에게 이로운 환경을 조성해야 한다.

운동화와 바닥깔개

Helping a colleague pause before jumping to conclusions ● 화가 나서 참을
수가 없다. 저들
은 왜 날 괴롭히는 것인지 이해할 수가 없다. 내 방식을 따르면 모
두가 좋을 텐데. 하지만 정말 그럴까? 사람들은 자기가 옳고 남들
은 틀렸다고 생각하는 경향이 있다. 하지만 밖에서 안을 들여다보
면 무엇이 잘못됐는지 알 수 있다.

　데이비드는 P호텔의 운영 책임자다. 여섯 개 주요부서가 최상의
상태로 운영되도록 계획을 세우고 감독하는 역할을 한다. 그는 꽤
나 완벽주의자라서 거의 모든 일을 직접 해야 직성이 풀렸다. 부하
직원들이 자기 기준을 따르지 못했을 경우에는 참지 못하고 불같이
화를 내는 일이 잦았다.
　어느 날 나는 데이비드와 업무상 점심을 같이 했다. 나를 만나러
나오다가 데이비드는 직원들이 운동화를 신고 있는 것을 보았다고
했다.

144

"운동화라니!" 그는 진저리를 치며 말했다. "절대 용납할 수 없어. 도대체 무슨 생각을 하면서 일하는 거야?"

나는 고객들에게 보이지도 않는 신발에 그토록 화를 내는 데이비드를 오히려 이해할 수가 없었다. "프런트 데스크에서 일하는 사람들이라면서요. 하루에 여덟 시간을 꼬박 서 있어야 한다고요."

"하지만 회사 방침에 위배되잖소." 그가 말했다. "그걸 조사관이 보게 되면 별 네 개 등급을 받을 수가 없어요."

내가 물었다. "직원들 일부가 굳이 운동화를 신은 이유를 생각해보셨나요? 허용되지 않는다는 건 그들도 뻔히 알 텐데요."

데이비드는 잠시 생각을 하는가 싶더니 이내 고개를 저으며 말했다. "아니, 그런 건 신경 쓰고 싶지 않소. 내가 왜 이런 일에 시간을 낭비해야 한단 말이오?"

잠시 침묵이 흘렀다. 이윽고 내가 먼저 말문을 열었다.

"잠시만 시간을 내보시죠. 지금 저랑 같이 생각해보면 시간도 아낄 수 있지 않을까요?" 나는 시나리오를 펼쳐 보이기 시작했다. "데이비드, 당신이 프런트 데스크에서 일하는 사람이라고 상상해봐요. 하루 종일 서 있어야 해요. 1주일에 한 번씩 받는 교육에서는 '회사의 목표는 모든 손님에게 온화하고 친근한 서비스를 제공하는 것이다'란 말을 귀에 못이 박히도록 들어요. 하루 종일 앉을 수도 없고, 데스크에서 벗어날 수도 없어요. 항상 만면에 미소를 띠고 오가는 사람들에게 친근한 태도를 보이면서요. 머릿속에 그림이 그려지나요?"

"그럼요." 그가 대답했다.

나는 말을 이었다. "이제 그들의 입장이 되어보는 거예요. 왜 운동화를 신을까요?"

"나라면 안 신을 거요." 데이비드는 단호하게 말했다. "내가 말하고 싶은 게 바로 그거요. 물론 나도 가끔 운동화를 신고 회사에 올 때도 있소. 하지만 그들은 프런트 데스크 직원이잖소! 나 같으면 규칙을 어길 엄두가 나지 않을 거요. 도무지 이해할 수가 없소."

"그렇죠?" 내가 말했다. "그 사람들 입장에 서보지 않았기 때문에 그런 거예요. 보세요, 아직도 '나라면' 안 그럴 거라고 생각하잖아요. 그냥 그들이 되어보세요. 그리고 상황을 다시 보는 거예요. 당신 방식으로 프런트 데스크에서 일하라는 게 아니에요."

데이비드가 자기 방식만 고집하는 한 문제의 진정한 이유를 파악할 수는 없다. 자기가 정한 규칙의 테두리에서 벗어나는 사람은 다 잘못하는 거라고 생각하는 한 프런트 데스크 직원들이 운동화를 신는 이유를 알아낼 수는 없을 것이다. 그는 그 사실을 서서히 깨닫기 시작했다.

마침내 그는 직접 프런트 데스크 직원에게 그 이유를 슬쩍 물어봤다. 물론 화를 내지 않고 부드럽게 말이다. 직원들이 운동화를 신은 건 바닥깔개의 쿠션이 약해서 발과 허리에 통증이 생기기 때문이었다. 이런 상태로는 요구사항이 많은 관광객의 체크인을 도와주면서 '온화하고 친근하기'가 무척 어려웠을 것이다. 데이비드는 더 두터운 깔개를 새로 주문했고, 직원들은 다시 규칙에 맞는 신발을 신었다. 뿐만 아니라 상사가 자신들의 입장을 이해하고 일을 처리해줬다고 진심으로 느꼈다.

"다른 사람이 일하는 방식을 내 기준에 맞춰 생각하는 건 어떻게 보면 월권행위였소. 부끄럽게도 난 그게 당연하다고 여겼던 거요. 내 생각에 갇혀 다른 사람들 의견에는 완전히 귀를 막은 상태였소."

축하해요, 데이비드. 이제야 다른 사람의 입장에 설 수 있게 됐군요!

완고한 고집불통이라 해도 '원래 그런 사람'이라고 섣불리 판단하거나 냉담한 태도를 취해서는 안 된다. 그 사람을 몰아세우거나, 이래라저래라 충고를 늘어놓는 것도 금물이다. 그 사람이 느끼는 감정을 이해하고 새로운 관점을 가질 수 있도록 천천히, 인내심을 가지고 부드럽게 유도할 수 있어야 한다.

도무지 이해가 되지 않는 사람이 있다고 치자. 그 사람은 온갖 이상한 행동들로 당신을 괴롭힌다. 그럼 잠시 그 사람과 입장을 바꿔서 생각해보라. 급기야 화를 버럭 내면서 그 사람을 당황하게 하는 상황은 피할 수 있을 것이다.

이렇게 이야기해보자. "아마 내가 뭔가 잘 모르고 있나봐요. 내가 알고 있는 건 여기까진데, 나머지 얘기를 좀 해주겠어요?"

직원은 자신을 변호하느라 에너지를 소비하기보다는 당신과 함께 문제를 수월하게 해결해보려 할 것이다.

_ 전하기 어려운 피드백을 주고받을 때

농담이겠지!

Giving and getting difficult feedback ● 알렉스는 고민 중이다. 벌써 몇 달째 회피해온 문제였다. 그의 골칫거리는 메들린이었다. 메들린은 회사에서 키우고 싶어 하는 경쟁심이 대단한 수완가였다. 사장은 메들린을 빨리 승진시키라고 알렉스에게 압력을 가하고 있었다. 경쟁사에서 그녀를 스카웃해 갈까봐 노심초사했기 때문이다.

메들린 역시 조만간 승진하리라 잔뜩 기대하고 있었다. 고객들은 그녀에게 감탄했다. 사실 메들린의 업무처리는 지나치리만치 훌륭하다. 하지만 동료들은 소외감을 느끼고 있었으며, 부하직원들은 그녀의 방식이 너무 벅차다고 생각했다.

"메들린은 우리가 해놓은 일을 너무 신랄하게 비난하고는 해요. 게다가 너무 높은 목표를 세운다고요. 우린 따라갈 자신이 없어요. 한참 회의를 하는 중에도 메들린이 '오, 제발, 본론이나 말하고 끝내지.' 라고 중얼거릴까봐 무슨 말을 못하겠어요." 급기야 직원 몇 명이 알렉스를 찾아와 메들린이 속한 팀에서 자기를 빼달라고 요

148

청하기에 이르렀다. 뭔가 조치를 취해야 했다.

～

알렉스 _ 메들린과 대화를 할 마음의 준비를 갖추는 데 몇 달이 걸렸다. 내 판단이 잘못된 것이면 어떡하나? 걱정이다. 오히려 날 공격하면 어떡하나? 당신 역할이나 똑바로 하라는 식으로 말이다. 회사를 그만두겠다고 하면…?

메들린 _ 어쩐지 뭔가 이상하다 했다. 믿을 수가 없다! 알렉스에게 그런 얘기를 직접 듣다니. 난 언제나 열정적으로 일했다. 승진도 문제없을 거라 믿었다. 그런데 이게 무슨 소린가. 몇몇 동료가 나와 함께 일하기 싫어한다고? 정말 기운 빠지는 일이다. 알렉스는 느닷없이 나를 불러서는 내 방식을 바꾸라고 말한다. 내가 변해야 하나? 변할 필요가 있는 걸까?

알렉스 _ 참 힘든 과정이었다. 가장 하기 힘들었던 말은 이것이었다. "당신은 인지력에 문제가 있어요. 동료들이 당신과 같이 일하기를 힘들어해요. 그들 말로는 당신 스스로 모든 면에서 가장 뛰어나다고 생각하는 것 같대요. 일할 기회조차 주지 않는다는 거예요. 당신 방식은 따라가기가 힘드니까요. 실제로 그런지는 모르겠지만 모두가 그렇게 생각하고 있어요. 나도 참 많이 망설였어요. 당신이 문제를 받아들일지 모르겠네요."

메들린 _ 처음엔 듣고 싶지 않았다. 이해할 수가 없었다. "지금 농담하세요? 난 정말 유능한 직원이라고요. 아무도 나만큼 효과적으로 일을 처리할 순 없죠. 이런 문제로 속 썩일 시간이 없어요. 너무 바쁘다고요."

알렉스 _ 항상 의아했다. 이런 문제는 직원의 개성 때문인가, 경영기술의 부족 때문인가? 유능한 직원에게 방법을 바꿔서 우리처럼 되라고 말하는 건 부당한 것 같다. 하지만 회사와 사기진작을 위해서 좀더 포괄적인 경영스타일을 적용할 필요가 있다고 말해야 했다. 자기중심적인 태도에서 좀 벗어나라고 말이다.

메들린 _ 그냥 회사를 그만둘까? 내 개성을 바꾸는 것보다는 그 편이 더 쉬울 것 같다. 하지만 알렉스가 한 말이 사실이라면? 내가 그렇게 참을성이 없나? 항상 사람들을 판단하고 바로 지적하나? 정말 나한테 문제가 있는 건지, 상사들이 지나치게 민감한 건지 모르겠다. 하지만 친구들도 같은 말을 했을 때는 정말 깜짝 놀랐다.

현실을 직시하자. 내 스타일을 조절하는 방법을 배워야겠다. 내 생각만 하는 사람으로 보이다니, 정말 싫다. 알렉스는 내가 뭔가 깨닫기를 원했다. 내 행동은 다른 사람들의 성장마저도 막고 있었던 것이다. 지금부터 내가 할 일은 단지 다른 사람 말에 귀를 기울이는 방법을 배우는 게 아니다. 처음부터 다른 사람의 말을 듣기를 '원해야만' 한다.

알렉스 _ 사실 우리 경영진도 부분적으로는 책임이 있다. 부하직원에게 일을 위임하고 팀의 일원이 되는 법을 가르치려면 메들린도 직속상사의 가르침이 필요했다. 그 역할은 내가 맡아야 한다.

메들린 _ 알렉스는 내게 부하직원과 다른 사람들의 용기를 북돋워주고 배울 기회를 제공할 필요가 있다고 말했다. 하지만 내게도 그런 도움이 필요했었다. 내 행동방식에 대한 원인을 발견해서 일러준 상사들에게 감사한다. 알렉스를 위시한 동료들의 도움으로 나는 '자기분석'의 과정을 거칠 수 있었다. 그 결과 다른 사람을 배려하고 그들 말에 귀 기울이는 것도 중요한 업무의 일부라는 것을 깨달았다.

이번 프로젝트 마감일이 다가왔다. 해당 업무의 책임을 맡았던 팀원이 그 동안 작업한 것을 검토해달라며 보고서를 가져왔다. 끔찍했다. 내가 기대했던 구석이라곤 찾아볼 수 없었다. 예전 같았으면 어쩌면 그토록 무능할 수 있는지 의아해하면서 보고서를 던져버리고 내가 직접 다시 작업했을 것이다. 하지만 나는 잠시 생각을 가다듬고는 그 팀원에게 물었다. "이런 프로젝트를 진행해본 경험이 있나요?"

"아니요. 처음이에요."

미리 물어봤던 것이 다행스러웠다. 우리는 보고서를 함께 보면서 진행방법을 수정할 방향에 대해 검토할 시간을 가졌다. 그 팀원은 이제야 방향이 잡힌다며 다음에는 정말 잘 할 수 있을 것 같다고 했다.

최근의 일이다. 아버지와 함께 커피를 마시며 대화를 나누었다. 은퇴할 날이 가까워오자 불안한 마음이 든다고 말씀하셨다. "얼마 전만 해도 네가 거기 앉아서 내 말을 들어주리라고는 생각도 못했다. 옛날 같았으면 내 문제점을 따지며 이런저런 충고만 늘어놓았을 게다. 메들린, 며칠 새에 많이 변했구나. 내 말을 들어줘서 고맙다."

❧

처음 알렉스의 이야기를 들었을 때 메들린은 그게 일종의 경고라고 생각했다. 하지만 사람들에게 너무 엄격하다는 건 비단 직장에 국한된 얘기가 아니었다. 삶을 사는 방법의 문제였던 것이다. 메들린은 업무의 완성이란 업무를 훌륭하고 신속하게 끝내는 것만이 전부가 아니라는 사실을 배워야 했다. 그러고 나자 다른 사람의 느낌을 이해하기 시작했다. 예전 같았다면 일부러 시간을 들여 이런 생각을 하지 않았을 터였다.

회사를 위해 최선을 다해 열심히 일하는 직원이라 해도 어떤 점은 부족할 수도 있다. 직원에게 부족한 점을 일깨워주는 일은 상사로서도 쉬운 일이 아니다. 특히 직원이 스스로 '완벽하다'고 느끼고 있는 경우에는 상사의 말을 받아들이지 않으려 할 것이다. 말을 꺼내는 것조차 불편한 것이 사실이다. 하지만 아무리 어색한 상황이라 해도 시간을 가지고 이야기하는 것이 중요하다. 그러나 이야기를 꺼내기 전에 직원의 상황이나 행동을 모두 알고 있다는 생각을 버려야 한다. 자신을 비롯한 다른 사람들이 그 직원에게 느끼는 감정을 솔직하고 부드럽게 이야기해준다. 무엇보다도, 태도를 바꾸기 위해서는 오랜 시간이 걸린다는 점을 이해하자. 충분한 대화를 나누고, 직원이 변하고자 하는 의지를 보인다면 적극적으로 지지해줘야 한다. 그건 회사와 직원 모두를 위한 일이다.

_ 직원에게 해고소식을 알려야 할 때

해고의 방식

Taking away their jobs but not their dignity ● 직원에게 해고 통지를 하는 건 정말 하기 힘든 일 중 하나다. 해당직원은 완전히 실의에 빠지거나 분노를 표출할 수도 있다. 에드는 직원을 대하는 방식에 회사의 미래가 걸려 있다고 믿었다.

～

수년 전 나는 K기업의 고참 매니저로 근무했다. 처음 입사했을 당시만 해도 직원을 위한 제도가 꽤 있었다. 하지만 사장이 바뀌고 새로운 정책을 실시하면서 직원은 인간이 아닌 도구처럼 취급받기 시작했다. 나는 그 정책을 견딜 수 없었고 곧 사표를 내기에 이르렀다.

쉽진 않았지만 내 손으로 직접 회사를 차렸다. 그리고 내 회사에서만큼은 결단코 그런 일이 일어나지 않도록 하겠다고 다짐하고 또 다짐했다. 어떤 상황에서도 직원의 복지를 최우선으로 생각하는 가치체계를 수립했던 것이다.

154

하지만 최근에 갑자기 회사 사정이 악화되어 결국 공장 하나를 폐쇄하고 모든 조업을 다른 공장으로 옮겨야 했다. 직원 모두가 함께 옮겨갈 수 있다면 얼마나 좋겠는가! 하지만 그럴 수 없다는 건 경영진이나 직원들 모두 잘 알고 있었다. 이러한 변동을 겪으면서도 제품의 질을 유지하고 약속된 기한을 지킬 수 있도록 최선을 다해야 했다. 게다가 직원들에게 이 소식을 어떻게 전해야 할지 난감하기만 했다. 직원들 대부분이 내겐 가족과 같았기 때문이다.

위기극복을 위한 혁신계획이 모두 수립될 때까지도 나는 직원들에게 아무 말도 할 수 없었다. 하지만 인사담당 매니저인 줄리의 생각은 달랐다. "에드, 말을 하는 게 오히려 직원을 존중하는 태도가 아닐까요? 몇 달 전 직원들이 정말 공장 문을 닫아야 하냐고 물었을 때도, 무슨 일이 일어나든 사실대로 말해주겠다고 약속하셨잖아요?"

아직 세부적인 사항까지 결정된 건 아니지만, 나는 직원들에게 알려줄 필요가 있다는 점을 깨달았다. 하지만 도통 방법을 생각해낼 수가 없었다. 직원들에게 직장을 그만둬야 한다는 말을 전하는 악역을 맡을 용기가 나지 않았다. 회사를 생각한다면 옳은 결정이지만, 마음 한편으로는 실패자가 된 듯한 느낌이 들었다. 정말이지 얼굴을 맞대고 말하는 것만은 피하고 싶었다. 메모를 사용하면 어떨까?

줄리는 내게 물었다. "이 사태에 대해 어떻게 생각하세요? 짐작은 가지만…."

나는 이렇게 대답했다. "정말 끔찍하지. 거의 내가 직접 고용한 사람들인데. 그들은 잘못한 게 아무것도 없어. 단지 회사가 불황을 겪고 있을 뿐이지. 당장 회사를 그만두게 되면 그 사람들은 어떻게 사냐고. 하지만 침체를 뚫을 수 있는 최선의 길은 조업을 통합해서 총비용을 줄이는 것뿐이잖아."

바로 이때 줄리는 용기를 내서 내게 도전했다. "그렇다면 직원들에게 사실을 말하고, 당신 느낌을 말해요. 늘 그래왔잖아요. 지금도 할 수 있어요."

그렇다. 직원들에게 사실을 말해야 했다. 하지만 불과 10분 전만 해도 도저히 못하겠다는 생각을 했었다. 아직 세부적인 계획이 남았고, 지금 당장 내보내는 것도 아니고, 아무튼 핑곗거리는 남아 있었다. 게다가 직원들이 어떤 반응을 보일지도 알 수 없었다. 만약 줄리가 다시 한 번 다가와 내게 용기를 주지 않았다면 정말 할 수 없었을지도 모른다.

마침내 직원들에게 비보를 전했을 때, 나는 정말 숨이 막힐 것만 같았다. 직원들 대부분이 직업을 잃게 된다는 건 나로서는 견디기 힘든 고통이었다. 직원들은 사장의 이런 모습을 본 적이 없었다. 나는 전형적인 하버드 경영대학 출신으로, 회사를 운영할 때는 '직원들에게 절대로 쩔쩔매는 모습을 보여서는 안 된다'는 걸 철칙처럼 훈련받았기 때문이다.

나는 3개월 동안 이전작업을 진행할 것이며, 그 후에 재배치가 이뤄질 예정임을 알렸다. 직원들 모두에게 선택을 할 시간을 줘야 했다. 며칠 후, 공장폐쇄의 세부계획이 모두 수립되자, 조업 매니저는 모든 직원을 대상으로 '오늘을 즐겨라*Seize the Day*' 운동을 펼치기 시작했다. 자부심을 갖고 마지막 날까지 최선을 다하자는 취지였다. 직원들은 고객에게 약속한 품질과 기한을 모두 지킬 수 있었다.

나는 불신에 바탕을 두고는 회사를 운영하고 싶지 않았다. 직원을 신뢰하고 그들에게 관심을 쏟는 운영자가 되고 싶었다. 회사의 가치기준에 직원이 최우선이라면, 좋은 시기건 나쁜 시기건 언제나 진실을 말하고 직원들을 존중해야 한다. 우리 직원들은 어려운 시기에 우리가 보여준 태도에 고마워하면서 공장을 다시 가동하게 되면 다시 일하고 싶다고 말했다. 지금껏 들었던 말 중 최고의 찬사였다.

～

줄리는 상사의 두려움과 좌절을 공감했다. 회사를 운영하면서 이뤄놓은 가치를 상기시키고, 지금도 할 수 있다며 용기를 줬다. 에드는 직원들에게 나쁜 소식을 전할 의무가 있었다. 망설이는 에드가 행동할 수 있게 도와준 건 줄리의 용기 있는 한 마디였다.

_ 직장을 옮기게 되었을 때

공중곡예

When someone is laid off, fired, or acquired ● 샘은 어느 날 아
침 일찍 내게 와
서 울분을 쏟아 놓았다. 오랫동안 다닌 회사가 합병을 하는 바람에
하루아침에 실직자가 되게 생겼다고 했다. 그는 경력과 직업을 다
시 설계해야만 했다. 합병 후 회사가 직원들을 대하는 처사에 대해
화가 잔뜩 나 있었다.

❧

이건 부당해요. 그들이 무슨 짓을 하고 있는지 좀 봐요. 나는 이
회사를 사랑했어요. 앞으로 10년을 더 보낼 수 있으리라 느꼈던 곳
이었어요. 합병이 웬 말이래요. 이곳을 이토록 파괴하다니 믿을 수
가 없어요. 사직하라고 압력을 넣다니요. 아직 이 회사에 남아 있는
사람들도 모두 나와 같은 심정이에요. 이곳에 더 이상 머물 수 없다
는 것을 알고 있어요. 마음속은 정말 죽을 지경이라고요.

다시 할 수는 없어요. 훌륭한 회사에서 모든 믿음과 신뢰를 쏟았

는데 그만 꽝! 모든 것을 바꾸고 다시 시작하라잖아요. 이번은 어떻게든 지나간다 쳐요. 기껏 적응을 해놨는데, 언젠가 전혀 다른 우선순위와 원칙을 가진 회사에게 또 합병당할 수도 있잖아요?

정말 참을 수 없는 게 뭔지 아세요? 친구들이 "그래, 이젠 뭘 할 건데?"라고 물어보는 거예요. 내가 그에 대한 대답을 준비해둔 줄 아나보죠. 어떤 친구는 내게 이력서를 써뒀냐고 물어요. 주위에 뿌려주겠다고요. 다 나를 돕고 싶어서 그런 거겠죠. 그쯤은 알아요. 하지만 지금은 화가 나고 배신감 느껴요. 지금은 취업면접을 받으러 돌아다닐 만한 기분이 아니거든요. 곧 시작해야겠지만 말이에요.

❧

사람들은 꾸준히 직업을 바꾼다. 단순히 직장일이 힘들어서 떠날 수 있다. 따분하다거나, 더 좋은 조건을 제의 받았거나, 변화를 위해서 직장을 떠나는 사람도 있다. 해고나 파면을 당하기도 하고 일찍 은퇴하기도 한다.

직장을 바꾼 사람이나 사직을 고려하고 있는 사람에게는 함께 공감하고 유용한 정보를 제공할 사람이 필요하다. 처음부터 어떤 결론을 이끌어내려 하지 마라. 이력서 작성을 도와달라고 하면 솔직하고 참을성 있게 도와주자. 당신이 보기에 그 사람이 허황된 꿈을 꾸고 있다고 해도 흥분하지 마라. 완전히 업종을 바꾸거나, 경력에 도움이 되지 않는 일을 하려 할 수도 있다. 뭐든 건전한 생각이다. 새롭게 출발할 삶에서 우선순위가 뭔지 찬찬히 짚어볼 수 있는 기회가 될 것이다. 그 사람이 갑자기 삶의 방향을 잃고 어찌할 바를 모르는 듯 우왕좌왕할지도 모른다. 그렇다면 그런 느낌을 드러낼 수 있도록 도와주는 것이 좋다. 차라리 창고 청소나 하고 싶어 한다면 그렇게 하도록 내버려두라.

새 출발을 위해서는 큰 그림을 그리고 그에 따른 수많은 작은 단계를 계획하는 과정이 필요하다. 뭘 해야 할지 분명히 보인다 해도 아직은 그 단계를 밟을 준비가 돼 있지 않을 수도 있다. 하버드 대학 심리학과 교수였다가 사장으로 전직한 제드의 말을 들어보자. "그만두려고 하는 직업에 대해 화가 나거나 아쉬운 마음이 든다면 그 감정을 반드시 털어내야만 합니다. 그렇지 않고서는 다시 세상에 나가 새로운 일을 시작할 수 없을 겁니다." 그는 직업을 그만둔다는 건 죽음을 겪는 것과 상당히 흡사하다고 말한다. 옛 직업에게 작별인사를 하고 마음껏 슬퍼해도 좋다. 그 동안의 삶에게 마지막을 고하는 의식을 치러주자.

직업의 변화를 '전환을 통한 변형'으로 생각하는 관점이 있다. 이 변화과정은 무척이나 혼란스럽고 어렵다. 자기 능력과 꿈을 의심하는 우여곡절을 겪는 시기일 수도 있다. 공중곡예를 생각해보라. 우리를 향해 날아오는 새로운 막대기를 붙잡으려면 현재 쥐고 있는 막대기를 기꺼이 놓아 보내야 한다. 직업도 마찬가지다. 과거를 놓아 보내고 손을 뻗어 새로운 삶을 붙잡는 거다!

보이지 않는
경계를 넘어서

Bad news at the office ●　　여기는 직장이

다. 그런데 직장

동료(당신과 친할 수도, 거의 모르는 사람일 수도 있다)에게 불운한 일

이 생겼다는 소식을 듣게 되었다. 그냥 모른 척할 것인가? 위로의

표시를 해야 하는가? 하루는 친근한 친구였다가 다음 날 사무적인

관계로 되돌아 올 수 있는가? 우리 모두는 직위에 상관없이 먼저 인

간이다. 크리스틴의 이야기를 들어보자.

✍

회사에서 전화를 받으리라고는 예상하지 못했다.

"암입니다."

그 다음 말은 하나도 귀에 들어오지 않았다. 나는 20여 분 동안

멍하니 그대로 앉아 있었다. 그때 전화벨이 울렸다. 거래처 사람이

었다. 나는 부동산 업체에서 건물 소유주 역할을 담당하고 있었고,

그와 나는 곧 비게 될 건물의 임대차계약을 두고 협상을 벌이는 중

이었다.

"잘 지내요?" 그가 물었다.

갑자기 눈물이 쏟아졌다. 나는 계속 흐느끼면서 방금 전화로 유방암 진단을 받았다고 얘기했다. 곧 수술을 해야 한다고 말이다. 한 번도 만난 적 없는 거래처 사람에게 이런 얘기를 했다는 것이 믿기지 않았다. 그는 안타까운 마음을 표했다. 나는 한참을 훌쩍이다가 겨우 진정을 하고는 전화를 건 용건을 물었다.

"아니에요. 다음에 이야기해요."

나는 고집했다. "아뇨, 지금 일 얘기를 하고 싶어요. 부탁이에요. 전화를 건 이유에 대해서 말합시다."

우리는 사업이야기를 하기 시작했다. 여전히 일할 수 있고, 생각할 수 있고, 도움이 될 수 있는 사람이고 싶었다.

3일 후 사무실에 편지가 한 통 도착했다. 바로 그 거래처 사람이었다. 직접 손으로 쓴 그 편지에는 그 사람 삶에 암이라는 존재가 등장하면서 겪었던 일이 들어 있었다. 무척 개인적인 이야기일 텐데. 또다시 왈칵 눈물이 났다.

크리스틴에게

안타까운 일이에요. 힘든 일인 거 잘 알아요. 내 이야기를 들려줄게요. 1969년 아버지가 폐암으로 돌아가셨어요. 3년 후에 어머니는 자궁암 선고를 받아서 수술을 받으셔야 했죠. 어머니께서 입원하기로 예정된 전날 밤에 집에 가려고 했어요. 어머니와 함께 지내고 싶었거든요. 마지막이 될지도 모르니까…. 그런데 집으로 가는 길에 내가 끔찍한 사고를 당한 거예요. 살아남은 것도 기적이었죠. 하지만 내 얼굴은 프랑켄슈타인처럼 되었어요.

갈가리 찢긴 아들 얼굴을 보면 어머니가 얼마나 놀라시겠어요? 그래서 대신 전화를 했어요. 한 달 정도 지난 후 드디어 어머니께 갈 수 있었죠. 처음 입원실 문을 열고 들어갔을 때 본 어머니 얼굴을 잊을 수가 없어요! 마치 수용소의 포로 같았죠. 팔꿈치가 팔보다 더 크고 무릎이 다리보다 더 컸죠. 병원을 나오면서 나는 펑펑 울었어요. 어머니 모습은 돌아가시기 전 아버지 모습과 똑같았거든요. 사실 날이 며칠 안 남았다는 걸 확실히 알 수 있었어요. 나만 홀로 남겨질 거란 생각에 슬픔으로 무너져 내렸어요.

의사들은 어머니 몸에 칼을 대고 방사선을 쏘였어요. 신장을 지져서 고정시켰죠. 엉덩이 부분에 주머니를 달아 소변을 받아내야 했거든요. 하지만 어머니에게는 내가 생각지도 못했던 뭔가가 있었어요. 태도와 정신이었죠. 암도, 고된 치료과정도 어머니를 망가뜨리지 못했어요.

31년이 지났네요. 지금 어머니는 88세이신데 젊은 사람 못지않게 정정하세요.

이 이야기가 부담스럽지 않길 바라요. 암을 이긴 어머니의 태도와 정신을 이야기해주고 싶었어요. 당신에게도 그런 자질이 충분해요. 치료과정은 정말 힘든 싸움이 되겠지요. 하지만 당신은 기어이 이겨낼 거라 믿어요.

행운을 빌어요. 곧 연락하죠.

그에게 전화를 걸어 "편지 정말 고맙다"고 얘기했다. 그런데 오히려 그는 편지가 내 기분을 상하게 했을까봐 걱정하고 있었다. 사적인 행동으로 사무적인 관계의 도를 넘은 것이나 아닌지 염려했다.

"그게 무슨 소리세요. 정말 감동 받았어요. 고마워요."

수술을 기다리는 몇 주 동안 나는 회사일이 걱정되기 시작했다. 그런데 문득 임대차계약 협상이 별 것 아닌 것으로 여겨졌다. 내 직업을 좋아했고 보수도 많이 받았지만, 지금은 삶에서 직업보다 중요한 게 있다는 걸 깨달았다. 다행히 암은 크게 번지지 않아서 수술 후 건강하게 직장에 복귀할 수 있었다. 나는 새로운 관점을 얻게 되었다. 암을 경험한 덕분에, 우리는 '직장인' 이상의 존재라는 사실을 깨달았다. 우리는 인간이다.

이런 관점으로 사람을 바라보게 되자 일도 훨씬 더 잘 되는 것 같다. 임차인과 협상할 때도 테이블에 마주 앉은 상대방이 그냥 '그렇고 그런' 사람들 이상이라는 생각을 하기 때문이다.

✍

느닷없이 나쁜 소식을 듣게 되면 다른 사람의 이야기가 귀에 들어오지 않는다. 나도 모르게 내 이야기를 주절주절 늘어놓고는, 상대방이 잘 들어주기를 바란다. 아무 이야기도 하지 않고 그냥 들어주는 것 말이다. 하지만 적절한 타이밍을 맞춰 진실한 마음으로 자기 얘기를 들려주는 사람에게는 철벽으로 둘러싸인 마음의 문이 서서히 열리게 마련이다. 크리스틴의 거래 상대는 시간을 들여 손수

편지를 쓰고 며칠을 기다렸다. 크리스틴과 잘 아는 사이가 아니라는 사실을 인식하면서 그녀의 사생활과 감정을 존중했다.

잊지 마라. 전화, 테이블, 컴퓨터, 편지 너머의 사람은 '직장인' 이상의 존재다. 모두 인간이다.

아버지의 나무

Asking a coworker for help with a family dilemma ● 직장에 다니는 사람들은 대부분 친구나 가족보다 직장 동료와 더 많은 시간을 함께한다. 하지만 '공적인' 사이라는 것 때문에 마음을 터놓고 지내기는 어려운 것이 사실이다. 아무리 사적인 일을 회사로 가져오지 말라지만, 어디 그게 말처럼 쉬운 일이던가?

킴은 상실의 바다에서 헤어 나올 수 있는 방법을 찾고 있었다. 아버지가 뇌종양으로 돌아가신 지 11개월째였다.

❧

곧 아버지 기일이 돌아온다. 나는 아버지를 기릴 수 있는 방법을 찾고 있었다.

에이린과의 대화가 어떻게 시작됐는지는 기억나지 않는다. 한 달 전부터 우리 부서에서 근무하기 시작한 그녀와 서로 알아가는 과정이었다. 에이린도 부모님을 모두 잃었다고 했다. 나는 에이린에게 부모님 기일을 어떻게 보냈는지 물었다.

잠시 생각에 잠긴 에이린은 "죽음을 슬퍼하기보다는 부모님 삶을 기리면서 위안을 찾는 때도 있어요. 어떤 사람들은 기일에 나무를 심기도 한대요. 영원한 삶을 상징한다는 거죠."라고 말했다.

생각해보면 아버지는 한 번도 내게 아버지 같지 않았다. 훨씬 나이가 많은 오빠 네 명을 둔, 일곱 형제의 막내인 나에게는 오빠들이 아버지 역할을 했다. 대신 아버지는 내 가장 친한 친구가 되었다. 우리는 모든 종류의 관심사, 특히 운동을 같이 했다(나는 아버지가 70세 때 테니스 치는 법을 가르쳐드렸다). 에이린과 이야기하면서, 나는 반드시 아버지의 삶을 기념할 수 있는 일을 해야 한다고 느끼게 됐다. 내게 아버지는 삶 그 자체였던 것이다.

어머니와 형제들에게 전화를 했다. 그들은 나무를 심는 것이 멋진 생각이라는 데 동의했다. 우리는 바다가 보이는 아름다운 공원에 나무를 심었다. 아버지는 선원이셨다. 나무는 아버지에게 소중했던 바닷물과 보트창고를 굽어보게 될 것이다. 어린 나무가 바닷바람을 이겨내고 자라날 수 있을지 의문이었다. 하지만 꼭 그 장소여야만 했다. 아버지를 기리려면 바람이 필수다.

몇 달 후 나는 아기를 가졌다. 오래 전 불임 판정을 받는데…. 몇 년째 여러 의사를 만나봤지만 모두 고개를 저을 뿐이었었다. 하지만 아기가 생겼다. 정말 기적이다! 임신 5개월째 접어들어 초음파검사를 했다. 의사는 수정일을 10월 10일로 계산했다. 세상에, 바로 우리가 아버지의 나무를 심었던 날이었다!

딸이 생후 12개월이 됐을 무렵 남편과 나는 둘째 아이를 가지려 애쓰고 있었다. 하지만 역시 쉽지 않았다. 의사들은 더 이상 아기를 가지는 건 불가능하다고 얘기했다. 나는 아버지와 신에게 기도했다. 10월 10일이 다가오자 나는 믿기지 않을 만큼 평온해졌다. 남편에게 "이제 됐어. 아기가 생길 거야."라고 말했다. 그리고 9개월 후, 큰딸의 두번째 생일날 둘째 아이가 태어났다.

에이린. 그녀가 아니었다면 이 모든 일이 일어날 수 있었을까? 생각이 깊은 에이린이 내 말에 기꺼이 귀 기울여주고 나를 자기 삶 속에 받아들였기 때문에 가능한 일이었다.

～

킴은 잘 알지 못하는 직장동료와 이야기를 나누면서 예기치 않은 위안을 찾았다. 동료를 돕는 일은 그 사람의 가족을 아는 것과는 관계가 없다. 비단 부모님의 삶을 기리는 일을 돕는 것에 국한된 얘기가 아니다. 동료에게 다정하게 질문해보자. "아버지 얘기를 해주세요. 아버지가 소중히 여기시던 건 뭐였나요? 당신 삶을 어떻게 나누셨죠?" 에이린은 킴에게서 아련한 추억을 불러내주었다. 덕분에 킴의 가족은 더없이 소중한 기념의 표시를 찾아낼 수 있었던 것이다.

난 당신을
걱정하고 있어요

Consoling an emplyee ●　　친구나 가족의

죽음을 경험한

직원이 있다면 무슨 말을 해줄 수 있을까? 만약 몇 달이 지났는데도
여전히 상실감 속에서 허우적거리고 있다면, "이딴 일이 뭐가 중요
하지? 업무에 목매달 필요가 뭐 있어?"라고 불평한다면 무슨 말을
해야 할까? 이런 태도에 화가 날지도 모르겠다. 해야 할 업무량이
많다면 특히 그럴 것이다. 그러나 잠시 생각해보자. 그들은 당신에
게 특별한 질문을 던지고 있는 것이다. 즉 죽음을 경험한 후에 밀려
드는 상실감을 잠재워달라고 부탁하고 있는 것이다. 그들의 모든
행동은 "과연 내 삶에서 중요한 것은 뭐죠?"라는 질문을 포함하고
있다.

몇 년 전, 중간관리자급 교육을 맡아 강의를 하면서 나는 모린을
만났다. 강의가 끝난 후, 그녀와 함께 이야기를 나눌 기회가 있었
다. 모린은 한숨을 쉬면서 속내를 털어놓았다. "비서가 내일 돌아

와요. 요즘 계속해서 안 좋은 일만 일어났다던데…. 얼마 전엔 할머니가 세상을 뜨셨다는데 비서는 임종을 지켜보지도 못했어요. 내불찰이라고 생각해요. 물론 비서에게 시간을 주려고 일정을 조정하고 있기는 했어요. 하지만 할머니의 임종이 그렇게 임박한 줄은 몰랐죠. 그분 건강이 악화되고 있다는 말만 들었거든요. 무슨 말을 해줘야 할지, 원…. 사실 내 감정이 어떻든 가장 중요한 것은 그녀의 감정이잖아요. 어떤 말로 비서를 위로할 수 있을까요? 내내 그것만 생각하고 있었어요. '장례식은 어땠어요?'라고 물어볼까요? 아, 정말 어리석은 소리예요. 영화를 보고 온 사람에게나 물어볼 법한 질문이죠. '기분은 어때요?'라고 물을까요? 맙소사, 누군가가 내게 그렇게 묻는다면 난 그저 힘없이 웃으며 고개만 젓고 말 거예요. 아무 말도 하지 않고, 몇 시간 후에 바로 업무에 대해서 이야기하면 어떨까요? 아, 너무 어려워요. 좀 도와주세요."

확실한 답을 모르는 경우에는, 진실을 말하는 게 가장 좋은 방법일 수 있다. 나는 그녀에게 이렇게 말하라고 조언했다.

"비서에게 이런 식으로 말해보세요. '지금 당신이 어떤 기분인지, 어떤 감정으로 고통 받고 있는지 내가 정확하게 알 수는 없어요. 추측하고 싶지는 않아요. 대신 기꺼이 듣고 싶어요. 할머니에 대한 얘기든, 장례식에 관해서든, 당신 기분이든, 나에 대한 원망이든…. 당장은 말하고 싶지 않다면 하지 않아도 돼요. 난 그저 당신이 알아줬으면 해요. 당신을 얼마나 걱정하는지 말이에요.'"

그러자 모린이 대답했다. "알겠어요. 이제 비서에게 무슨 말을 해야 할지 알 것 같아요. 그냥 진실을 말할래요. 그녀를 어떻게 위로해야 할지 모르겠다고 말할 거예요. 이런 상황이 난처하고 어색하다고 말할 수 있게 됐으면 좋겠어요."

"좋아요." 나는 말했다. "죽음을 경험하고 온 사람에게 위로의 말을 건넨다는 건 언제나 불편한 일이죠. 그런 상황에서 편안해할 사람은 아무도 없어요. 오히려 편안하지 않다고 말하는 게 상대에게 도움이 될 수도 있어요. 비서는 그토록 솔직하게 대해주는 당신을 고맙게 여길 거예요."

죽음을 애도하는 사람들은 일순간 삶의 의미를 잃어버릴 수도 있다. 목표를 연기하거나 포기하겠다는 말을 할지도 모른다. 이 때 그들을 설득하려 애쓰는 대신, 그들의 존재가 자신과 타인, 회사에게 중요하다는 점을 조용하게 상기시켜라. 죽음을 계기로 자신의 삶을 돌아보고, 이제부터 무엇을 해야 할 것인지 고민하는 과정은 너무도 정상적이다. 애도하는 데 적당한 때란 없다. 충분한 기간이라고 정해져 있는 것도 없다. 단지 당사자가 회사의 필요와 자신의 욕구 사이에서 균형을 유지하도록 도와줄 수 있을 뿐이다.

살다보면 업무보다 더 중요한 일도 생기게 마련이다. 직원에게 그런 일이 생기게 되면 휴가 기간을 주면서 삶과 죽음, 그리고 그것이 가져올 변화에 대해 깊이 생각해보라고 제안해보자. 장기간의 휴가가 필요한 것 같으면 이에 따른 회사의 방침을 설명해줄 수도 있다.

누군가의 조부모님이 돌아가셨을 때 건네지 말아야 할 말들이 있다. 보통 많은 사람들이 이렇게 말하곤 한다. "돌아가신 분 연세가…?" 그러고는 상대방이 대답을 해주면 이렇게 말을 끝맺는다. "어쨌든 장수하셨네요." 물론 좋은 의도에서 한 말이지만 상대방 기분은 전혀 고려하지 않는 태도다. 막 할아버지나 할머니를 잃은 사람에게는 그들이 장수했다는 사실 따위는 전혀 중요하지 않다. 이제는 소중한 사람이 곁에 없다는 사실만이 진한 아픔으로 다가오는 법이다. "돌아가신 분의 어떤 점이 가장 특별했죠?", "당신에게 할머니를 닮은 점이 있나요?" 이런 질문들은 추억을 되새겨볼 시간을 준다. 말을 할 수 있는 상태라면, 그들은 사랑하는 사람에 대한 기억을 쏟아낼 수 있을 것이다.

_ 절친한 직장동료가 세상을 떠났을 때

폴 송가를 기리며

Coping with deal in the workplace family ● 때때로 내 기분
이 어떤지조차
알 수 없을 때가 있다. 동료가 죽었을 때, 다른 친구나 가족이 전화
를 해서 "잘 지내느냐?"고 물으면 종종 이러한 혼란에 빠진다.

　1997년 1월 26일, 내 젊은 시절에 많은 영향을 주었던 한 사람이
세상을 떠났다. 바로 전前 미국 상원의원이었던 폴 송가 *Paul
Tsongas* 였다. 우리는 직장상사와 부하직원으로 처음 만났다. 폴이
상원의원 선거운동을 하던 때로, 나는 23세의 나이로 그의 아래서
일을 배웠다. 그가 내게 가르쳐준 것은 본능을 믿을 때 발휘되는 막
대한 힘이었다. 폴이 세상을 떠나자 많은 친구들이 내게 전화를 걸
어서 괜찮냐고 물었다. 그러나 그가 세상을 떠난 직후에는 너무 슬
픈 나머지 전화통화를 길게 할 수조차 없었다. 며칠이 지나서야 나
름대로의 추도문을 작성해서 친구와 폴의 가족과 함께 읽을 수 있
었다.

폴 송가를 기리며 : 인생살이

폴 송가는 스스로 믿고 있는 것에 헌신을 다 하라고 가르쳤습니다. 비록 남들이 몰라주더라도 말입니다. 그는 진정한 힘을 지닌 사람이라면 자기 잘못도 공개적으로 인정할 수 있다고 말했습니다. 또한 자신이 높은 위치에 있을 때, 거칠 것 없이 승승장구하고 있을 때야말로 사람들에게 헌신해야 한다고 가르쳤습니다. 상승하는 시기가 있다면 추락하는 때가 오게 마련이고, 그때 예전에 도와주었던 사람들을 다시 만날 것이라고 말했죠. 주위에 자신보다 더 현명한 사람을 두라고도 했습니다. 그래야 계속해서 배울 수 있고, 그들도 세상에 공헌할 수 있다고요. 그는 상황이 자신에게 불리해질 때조차 결코 포기하지 않았습니다. 림프종에 걸려서 세 번의 골수이식을 받았을 때도 그는 여전히 빛을 발하고 있었습니다. 그래서 더더욱 그의 죽음을 받아들이기 힘들었습니다. 그가 기적처럼 다시 일어날 거라고 굳게 믿었었기 때문입니다. 모든 의사의 예상을 뒤엎고 훨씬 오래 숨쉬고 있었거든요.

우리에게는 그의 죽음이 믿기지 않은 충격이기도 했지만, 삶에서 얻을 수 있는 놀라운 선물이기도 했습니다. 56번째 생일이 돌아오기 직전 그가 숨을 거뒀을 때, 우리는 상실감 속에서도 새로운 통찰과 비전을 얻었습니다. 장례식에서 폴의 막내딸 몰리가 했던 말이 기억에 남습니다. 몰리는 이렇게 말했었죠. "다른 사람들은 아버지를 정치인으로 그리겠지요. 하지만 저에게 아버지는 빵에 버터와 잼을 발라주시던 분이셨습니다. 5학년 때 저희 교실에 나타나 쓰레기봉투를 건네주면서 '자, 함께 학교 주변의 쓰레기를 줍자꾸나.'라고 말씀하셔서 저를 당황하게 만드셨던 분이죠. 그때 아버지는 어린 딸과 함께 세상을 변화시키고 싶으셨던 것 같아요. 아버지, 제게는 너무나 사랑스럽고 평범했던 그분. 결국 저는 정치인이 아닌 내 아버지를 그리워할 것입니다."

폴의 둘째 딸인 카티나는 아버지가 돌아가시고 며칠이 지나서야 왜 그토록 사람들이 아버지를 놀라운 사람으로 여기는지를 깨달았다고 합니다. 그 말을 아버지가 살아 계셨을 때 해드렸으면 좋았을 거라고 눈물을 글썽이며 말했죠. 누구보다도 폴과 가까웠던 사람은 그의 친구이자, 법조계 동업자이자, 선거운동 매니저인 데니스였습니다. 그는 이제야 폴이 역사책 속에서 존경을 받는 영웅이 아니었다는 사실을 깨달았다고 합니다. 그는 폴이야말로 살아 있는 영웅이라고 했습니다. 데니스 또한 이 말을 폴에게 직접 해주었더라면 좋았을 거라고 말했습니다. 그러고는 이렇게 덧붙였습니다. "하지만 폴이 살아 있을 때 그에게 사랑한다고 말했던 것이 지금도 나를 기쁘게 하는군요."

아, 우리 곁을 떠나버리고 난 후에야 그 사람의 소중함을 발견하는 일은 생각보다 고통스럽군요.

친구들은 내가 전화통화를 할 수 없다는 점을 이해해주었다. 상실감은 너무나 깊었고 그의 죽음이 남긴 영향력은 너무 컸다. 그러나 친구들이 먼저 위로의 전화를 걸어준 것은 고마운 일이었다. 나는 친구들에게 "지금은 아무 말도 할 수 없어. 하지만 언젠가는 그에 대해 말할 수 있을 거야."라고 말했다. 자기 감정을 주위 사람들에게 말하는 일은 중요하다. 친구들의 전화를 시작으로, 추도문을 쓰고, 친구들과 함께 추도문을 읽고, 그를 추억하는 시간을 나누었던 일련의 과정들은 치유의 시간을 앞당겼다. 몇몇 친구들은 폴의 삶이 어떻게 자신들에게 영감을 주었는지 말해줬고, 그것은 내게 위안을 주었다.

폴의 죽음에 대해 충분히 생각하도록 친구와 가족들이 기꺼이 기다려주지 않았다면, 나는 이토록 내 슬픔을 잘 파악할 수 없었으리라. 사람들은 내가 며칠동안 멍하니 넋이 나가 있었다는 사실을 이해했고, 전화통화를 하는 것이 내게는 힘겨울 것이라는 점을 이해했다. 위로해주고 싶은 사람이 자신의 상실에 대해 그다지 말하고 싶어 하지 않는다면, 그들에게 시간을 주어라. 세상을 떠난 동료가 그들의 삶에 일으킨 변화 중 당신이 느낀 것을 편지로 써서 그들에게 보낼 수도 있다. 상대방은 현재 겪고 있는 슬픔과 삶의 변화를 더 잘 인식할 수 있을 것이다.

_ 세상을 떠난 사람의 가족들에게

추억을
불러일으키는 편지

A letter to the children ● 함께 일했던 동
료가 세상을 떠
났을 때, 당신은 그의 가족에게 어떻게 애도의 마음을 표현하겠는
가? 특히 당신을 알지도 못하는 가족이라면 어떻게 하겠는가? 당신
은 그들과 얼마나 많은 이야기를 공유할 수 있을까? 어떻게 그들의
마음을 위로해줄 수 있을까?

나는 여러 해 동안 많은 사람들에게 위로의 편지를 보냈다. 그 중
절반은 나를 알지도 못하는 사람들이었다. 서로를 잘 모르긴 했지
만, 그들과 나는 소중한 한 사람의 죽음을 가슴으로 함께 공유할 수
있었다. 그 중 한 가족은 내가 보냈던 편지를 다시 보내면서, 그것
을 다음 내 저서에 포함시켜달라고 요청했다. 그들은 아버지가 돌
아가셨을 때 배웠던 교훈을 책을 통해 기억하고 싶다고 했다. 낯선
사람들끼리 세상을 떠난 사람에 대한 감정을 나누는 것으로도 그
사람에 대한 추억을 생생하게 유지할 수 있다.

네이단의 가족에게

저는 대학을 갓 졸업한 해에 곧바로 WEEI/CBS 뉴스 라디오 방송국에 입사했지요. 보도실은 언제나 긴박하고 분주하게 돌아갑니다. 한 시간에 서른 개의 뉴스를 보도하기란 만만치 않은 일이거든요. 앵커가 계속해서 뉴스를 보도할 수 있도록 신속하게 새로운 뉴스를 작성해야 하는데 신입들은 자주 실수를 하곤 했지요. 그러면 앵커들은 얼굴이 벌개져서 고래고래 소리를 질러대곤 했습니다.

하지만 단 한 명의 앵커만은 그렇지 않았습니다. 그는 일이 아닌 사람 자체에 초점을 맞추는 사람이었습니다. 보도거리가 바닥이 나면 그는 뉴스 부스 밖으로 머리를 내밀고는 준비되는 대로 보도자료를 받아볼 수 있겠냐고 정중하게 물었습니다. 그러고는 신출내기가 최선을 다하고 있다는 것을 이해한다는 듯이 미소를 지으며, "꾸준히 하세요. 무사히 끝낼 수 있어요."라고 팀을 격려했습니다.

첫번째 직업에 대한 인상은 오래도록 남는 법입니다. 마음에 상처를 남기기도 하고, 평생에 걸친 습관을 만들기도 합니다. 그런 면에서 네이단은 제게 진정한 프로의 모습을 보여주었습니다. 한때 그가 속한 세계에 함께 있었다는 사실이 지금 저의 삶을 빛나게 합니다.

삶에서 기쁨을 발견하는 네이단의 능력은 우리 모두에게 축복이었습니다. 네이단의 우아하고 신사다운 태도를 보면서 저는 그가 정말 중요한 게 뭔지 알고 있다고 생각했습니다. 우정, 나눔, 가르침, 인내, 충실하게 가치를 추구하는 태도 등을 중요하게 여기는 그의 태도를 보면서 말입니다. 새로운 방식으로 네이단과 함께하는 삶에 적응하시기를, 그의 영혼과 함께하는 살아가는 방법을 발견하게 되기를 진심으로 바랍니다.

세상을 떠난 사람이 자신에게 어떤 의미였는지를 알릴 때, 멋진 말솜씨나 훌륭한 작문실력을 갖출 필요는 없다. 우리는 각자 자신만의 이야기를 가지고 있다.

대다수의 사람들이 가족보다 직장동료와 더 많은 시간을 보낸다. 그래서 동료들은 가족들이 모르고 있는 당사자의 모습을 알려줄 수 있는 것이다. 애도편지를 쓸 때는 그에 대한 특별한 기억, 기억할 만한 순간, 그 사람이 당신에게 가르쳐줬던 것 등의 내용을 담는 것이 좋다. 주춤할 필요는 없다. 진실을 말하고 유머를 발휘하라. 당신의 가슴 속에서 나온 단어를 사용하라. 당신의 애도편지가 오랫동안 그 사람의 가족에게 따뜻한 위로와 통찰을 제공해줄 수 있을 것이다.

난 이 비행기를 꼭 타야 해요!

사람들은 매일 잠자리에서 일어나 직장에 가고, 자신에게 주어진 업무를 처리한다. 하지만 고객이 당신의 업무범위를 벗어난 일에 도움을 요청해오면 뭐라고 하겠는가? 상대방이 요구하는 일은 직장에서 한 번도 훈련을 받은 적이 없다. 그래서 당신은 그런 전화를 받으면 당황하면서도 방법을 찾으려 하거나 직속상사의 조언을 구하려고 할 것이다. 이런 순간에 당신에게 필요한 것은 무엇인가?

업무와 관련이 없는 일이라도 시간을 들여 고객을 도와준다면 상대는 그 경험을 통해 당신과 회사, 조직을 다르게 보게 될 것이다. 직원 한 명의 친절한 행동으로 새로운 고객을 확보하는 것이다. 에이든의 경험을 들어보자. 그는 급하게 다른 주로 이사를 가게 됐다. 그때도 평소와 다름없이 그냥 시간이 맞는 항공사의 비행기를 예약했다. 그러나 그날 이후, 에이든은 무슨 일이 있어도 그 항공사의 고객이 되기로 결심했다.

새벽에 공항에 도착했다. 아침 7시 비행기를 탈 예정이었는데, 비행기가 취소되고 말았다. 2백 명 정도 되는 승객들이 발권 담당직원에게 달려들었다. 재예약을 하려고 밀려드는 사람들 때문에 세 명의 직원은 어쩔 줄 몰라 하고 있었다. 나는 혼자였다. 급하게 꾸린 상자와 가방을 어정쩡하게 들고는 주위를 둘러봤다. 비행기를 못 탄다면 딱히 돌아갈 곳도 없었다. 갑자기 비참한 기분이 들었다. 하지만 아마 다음 비행기라도 탈 수 있을 거라고 긍정적으로 생각하기로 했다. 사실 내 실낱같은 침착함은 아슬아슬하게 흔들리고 있었다.

다음 비행기가 너무 늦어서 일단 다른 항공사에 재예약을 했다. 짐꾼을 구하고, 1km 정도 떨어진 다음 터미널에 가서 수속을 밟기엔 시간이 빠듯했다. 가까스로 터미널에 도착했는데 발권 담당직원은 내 비행기표를 보더니 얼굴을 찡그렸다. "이 비행기표는 받을 수가 없습니다. 다른 항공사에서 우리 항공사로 인계한다는 서명이 없어요." 사무적인 어조였다. "다시 돌아가서 서명을 받아 오세요."

비행기가 이륙하기까지 20분밖에 남지 않았다. 마음이 급해졌다.

"재예약을 해줬던 직원이 신입이더라고요. 이런 일은 처음

이랬어요. 지금까지는 탑승수속만 담당했었대요. 저쪽 상황이 워낙 혼잡해서 다른 직원들이 봐줄 틈도 없었다고요. 뭘 어떻게 할지 몰라 당황할 만도 하죠."

"그래도 서명을 받아와야 합니다." 그는 내 말을 막고는 내가 왔던 방향으로 시선을 던졌다. 머리 뚜껑이 열리는 것 같았다. 그에게 나는 그저 문제가 발생한 평범한 여행객에 불과한 모양이다. 자기 문제가 아니었던 것이다. 하지만 그 사람 잘못도 아니었다. 어쨌든 내가 해결해야만 했다.

나는 떨리는 목소리도 말하기 시작했다. "1주일 전에 힘든 관계를 청산하고 이혼했어요. 다른 주로 이사를 가려고요. 고향을 떠나야만 하죠. 이 도시에서는 갈 곳이 없어요. 난 꼭 비행기를 타야 해요!"

내 말을 듣고 나자, 그는 사무적인 태도를 버리고 부드러워졌다. 이제야 나를 사람으로 보기 시작한 것이다. 골치 아픈 문제를 가지고 온 그저 그런 승객으로 보지 않고 말이다. 그는 비행기표를 다시 받아들더니 해당 항공사에 전화해서 상황을 설명하고는 즉시 사람을 보내 승인을 해달라고 요청했다. 그리고는 탑승구 담당직원에게 전화를 걸어서 승객이 가고 있는 중이니 탑승구를 잠시만 더 열어놓고 있어달라고 부탁했다. 나는 마지막으로 탑승할 수 있었다. 그날 그 발권 담당직원은 자기 직무 이상의 일을 했다. 그 항공사 표어대로 '상냥하게 하늘을 날도록' 날 도와줬던 것이다.

❦

삶의 어느 순간, 예기치 않게 불쑥 우리 삶으로 끼어드는 사람들. 그들에겐 도움이 필요하지만 처음에는 그렇게 보이지 않을 수도 있다. 그 점을 알아채지 못하고 여느 사람과 똑같이 대하면 그들은 감정의 한계점에 도달할지도 모른다. 문제가 뭔지도 모르고 그들을 자극하게 될 수도 있다. 결국 그들은 우리에게 비난의 화살을 돌리며 온갖 감정을 쏟아낼지도 모른다. 울고, 화내고, 짜증내고, 무례하게 군다고 해서 감정적으로 받아들이면 안 된다.

어려운 상황에서는 누군가가 그 사실을 알아차려만 줘도 기분이 좋아진다. 텅 비어버린 마음에 상대방의 배려가 차곡차곡 쌓이는 것이다. 시간을 들여 고객에게 관심을 쏟는 직원은 뿌듯한 느낌을 가질 수 있을 것이다. 뿐만 아니라 그 호의가 퍼져나가 회사의 이미지를 좋게 하는 데도 기여할 수 있을 것이다.

Part 4

변화의 기로에 섰을 때

Transitions : Heart, Mind, Body, and Soul

"우리 이혼해요"

Appreciating what you may not understand ● 누군가 "이혼하게 됐어요."라고 말하면 우리는 할 말을 잃고 어색해한다. 왜 이혼하게 됐는지, 정말 이혼을 하는 건지 궁금해하거나 '진작 그럴 것이지' 라고 생각하기도 한다. 나는 월의 이야기를 들으면서 이혼의 상처를 극복하는 데 다른 사람들이 얼마나 중요한 역할을 하는지 다시 한 번 깨닫게 되었다.

〰️

어느 날 집사람이 무표정한 얼굴로 나를 바라보며 "결혼생활을 끝내고 싶어요."라고 말했어요. 나는 이혼을 생각도 해본 적이 없었고 집사람에게 다른 남자가 있다는 사실도 몰랐지요.

집사람과 나는 문제를 해결하기 위해 1년 반 동안 노력했어요. 그 과정에서 집사람에게 다른 남자가 있다는 사실을 알게 되었어요. 집사람은 이혼을 원했지만 나는 불륜이 우리 결혼의 끝을 의미하지는 않는다고 말하며 문제를 함께 극복해보자고 달랬어요. 하지만 집사람은 집을 나가버리더군요. 나는 그 후 몇 달간 내 감정을 종잡을 수 없었어요. 회사에서는 '사내 누군가와 불륜의 관계다', '마약에 빠졌다', '불치병에 걸렸다' 등등 나에 관한 헛소문이 나돌았어요. 그것 때문에 더더욱 미칠 것만 같았습니다. 누구에게도 내 사생활을 말하고 싶지 않았을 뿐이었는데 말입니다. 사람들이 다른 이에 대해 쉽게 거짓말을 꾸며댄다는 것을 알게 된 것은 집사람의 불륜만큼이나 나에게 상처가 되었어요. 그건 믿음에 대한 또 하나의 배신이었지요.

하지만 어떡합니까. 삶은 계속되는걸요.

우선 이혼하는 과정에서 내가 가장 중요하게 여겨야 할 것은 뭔지 스스로에게 물었어요. 답은 내 아이들이었지요. 아이들이 언제나 사랑받고 있으며 안전하다고 느낄 수 있도록 최선을 다했습니다. 내가 집에서 나가고 집사람을 다시 집으로 돌아오게 한 것도 그 때문이었습니다. 불륜을 저지른 것은 집사람이지만 지금 아이들에겐 엄마가 필요하다고 생각했습니다. 번잡스럽게 이사하면서 혼란을 겪게 하고 싶지는 않았어요. 그래서 내가 집을 포기한 거죠. 내 친구들은 그런 나를 이해하지 못하더군요. 그럴 만도 하죠. 하지만 나에겐 아이들이 우선이었습니다. 친구들이 나를 이해해주기까지는 꽤 오랜 시간이 걸렸지요.

이별과 충격, 분노, 절망, 위안 등의 과정을 거치면서 집사람의 불륜에는 나한테도 어느 정도의 책임이 있다는 사실을 깨달았습니다. 내가 주지 못한 걸 누군가 대신 집사람에게 줄 수 있었다는 사실은 인정해야 하니까요.

사실, 이혼을 겪으면서 가장 힘들었던 점은, 주변 사람들이 집사람을 욕하지 않게 하는 것이었습니다. 집사람의 불륜이 나에게 상처가 된 것은 사실이지만 왜 그랬는지 이해한다는 말을 수없이 반복해야만 했지요. "어떻게 너한테 그럴 수 있단 말이니?", "도대체 왜 다른 남자를 원했을까?"라는 말들은 아무런 도움이 되지 않았습니다. 내 잘못은 없으니 죄책감을 느끼지 말라는 뜻은 이해했지만 매번 나는 집사람을 위해 변명해야 했습니다. 어느 한 사람 편을 드는 것은 아무런 도움이 되지 않습니다. 집사람도 아이들의 부모이지 않습니까.

내 결혼이 왜 실패했는지 이해하는 데 10년이란 세월이 걸렸습니다. 그 답을 알아내려고 힘들어하는 동안 친구들이 내 곁에 있어줬지요. 친구들은 내가 소중한 교훈을 깨달을 수 있도록 도와주었어요. 최근에 아들이 여자친구 문제로 고민할 때 그 교훈을 들려줄 수 있었지요. "여자친구랑 힘든 대화를 나눠야 할 때가 올 거야. 그때는 힘들다고 대화를 피해서는 안 된다. 네 엄마와 나는 그런 대화를 나누는 법을 배우지 못했다. 헤어진 후에도 마찬가지였지. 진작 배웠더라면…. 이런 지경에까지 이르진 않았을 거야."

∾

왜 결혼을 했는지, 지금까지 어떻게 이혼을 하지 않고 같이 살 수 있었는지 의아스럽게 보이는 부부도 있다. 그렇다 해도 당신의 견해는 일단 접어두고 아무 말도 하지 않는 게 좋다. 그저 그들의 말을 들어주기만 하면 된다. 지금은 이혼을 하겠다고 펄펄 뛰어도, 시간이 흐르면 태도를 바꿀 수도 있다. 그렇다 해서 배신감을 느낄 필요는 없다. 아주 정상적인 일이다.

이혼수속이 끝났을 때 '축하한다'는 말은 금물이다. 복잡한 수속을 끝냈기 때문에 본인 스스로도 안도의 숨을 쉴 수는 있겠지만, 축하한다는 말을 듣는 순간 그들의 가슴속에서 반감과 분노가 슬그머니 꼬리를 치켜들 것이다.

이혼을 겪으면서 얻은 교훈이 무엇인지, 새로운 관계를 맺는 것에 대한 두려움은 없는지, 물어보고 싶은 것이 많을지도 모른다. 그들도 스스로에게 같은 질문을 던질 것이다. 그럴 때는 "네가 무슨 생각을 하는지 궁금하다"고 말을 건넨 후 조용히 그의 말에 귀를 기울인다. 당신과 나누고 싶은 교훈이나 두려움이 있다면 천천히 입을 열 것이지만, 대화할 준비가 되어있지 않다면 조용히 고개를 저을 것이다.

자신의 이혼 사실을 스스로 받아들이지 못하는 사람들도 있다. 따라서 그들은 건강관리, 은행계좌, 보험, 주택융자 등의 많은 서류의 결혼유무 란에 정직하게 표시하기를 꺼린다. 이혼 사실이 자기 인생에 오점으로 남았다는 느낌 때문이다. 서류에 이혼 사실을 표시하는 것뿐 아니라 감정적인 틈을 메우는 데도 오랜 시간이 걸린다는 사실을 이해해야 한다.

_ 말로 얻은 상처가 더 아플 때

그는 주먹° 대신
언어로 상처를 줬다

Helping with verbal abuse ● 이브가 새 남자
친구인 존에 대

해 의논하러 알버트를 찾아 왔다. 이브는 두려운 순간들이 불시에
찾아들곤 했다고 말했다.

"정말 혼란스러워. 처음에는 자상하고 부드러운 사람이었어. 그
런데 한순간에 다른 사람으로 변해버리는 거야." 이브는 슬픈 목
소리로 말했다. "사소한 일에도 화를 내고 빈정거리거나 나를 깎
아내려. 난 뭘 잘못하는지도 모르는데 항상 혼나. 어쩔 땐 한 마디
도 안 해. 왜 그런지 물어도 반응이 없어. 존이 화내는 게 무서워
서, 실수하지 않으려고 매일 사투를 벌이며 살아. 정말 이런 기분
처음이야."

알버트는 그녀가 위험한 상황에 처해 있는지도 모른다는 생각을
했다. 이브는 계속 말을 이었다.

"존은 침대를 정돈하는 방식부터 옷 입는 것까지 간섭해. 나는
서른일곱 살이고 사회적으로도 성공한 커리어우먼이야. 그런데 존

은 내가 혼자서는 아무것도 못하는 말썽 많은 어린앤 줄 아나 봐. 이제는 나까지도 헷갈려. 존이 맞는 게 아닐까? 그이를 만나기 전엔 모든 걸 아무 생각 없이 살아온 건 아닌가 싶어."

알버트는 아니라고 말하고 싶은 충동을 가까스로 억눌렀다. 존을 만나기 전의 이브는 자신감 넘치는 사람이었다. 처음 존과 이브를 같이 만나봤을 때가 생각났다. 알버트는 그때 이미 이런 일이 있을 거라 예상했다. 그게 더 걱정스러웠다. 앞으로는…? 그녀를 놀라게 하고 싶지는 않았지만 어려운 질문을 던져야 했다. "존이 너를 때릴 수도 있을까?"

이브는 순간 멈칫 하는 기색을 보였다. "확실하게 아니라는 대답은 못하겠어. 그이는 완전 지뢰밭 같아. 뭔지도 모르는데 밟으면 폭발하거든. 한 번은, 회사 가는 길이었는데, 갑자기 온 몸이 멍투성이가 된 것 같았어. '존은 내 몸에 손가락 하나도 대지 않았는데 왜 두들겨 맞은 느낌이 들까….' 하는 생각을 하며 의아해했어."

"너는 정서적으로 학대당하고 있는 거 같아." 허공을 바라보는 듯한 눈길로 알버트가 천천히 말했다. "너는 자신감을 잃어가고 있어. 그에 의해 좌지우지되고 제압을 당하고 있어. 네가 반항하면 존은 네게 언어로 집중사격을 하지. 너는 더 이상 상처받지 않기 위해 모든 걸 포기하고 있는 거야. 내가 학교에서 깡패들한테 괴롭힘 당할 때랑 똑같아. 아무런 대책 없이 모든 걸 다 네 잘못이라고 생각하지 마. 그런 사람들은 남을 짓밟는 데서 희열을 느끼거든. 너도 잘 생각해봐. 존의 행동으로 네가 얼마나 상처를 받고 있는지 말이야."

이브의 친구들와 가족들은 그녀와 존의 관계를 싫어했다. 그녀가 불행해 보였고 그녀의 영혼이 지쳐 있는 듯 보였기 때문이다. 이브는 그들의 경고를 받아들이지 않았다. 존과 둘이서 문제를 해결할 수 있을 거라 생각했었던 것이다. 하지만 알버트와 이야기를 나누고 나서 이브는 언어학대에 대해 곰곰이 생각해보았다. 몇 달 후, 결국 이브는 남자친구와 헤어졌다. 인정하기는 어려웠지만, 상황을 바꾸는 건 불가능하다는 걸 깨달았던 것이다.

그녀에게 가장 힘이 되었던 것은 "네가 바라던 결과를 갖지 못해서 정말 안타깝다. 네가 큰 꿈을 가지고 있었고 최선을 다했다는 거 우리는 알아. 어떤 식으로든 너를 도울 준비가 되어있어."라고 말해준 친구들이었다. 그들 중 아무도 "거 봐. 내가 뭐랬니?"라고 하지 않았다. 상황이 나아질 것이라고 믿었기 때문에 그녀가 그 관계에서 벗어나지 못했던 것을 친구들은 이해했다. 존과 이브는 만남 초기에 근사한 커플이었기 때문이다.

회복하려고 노력하는 처음 얼마간 그녀는 "어떻게 그렇게 어리석었을까."라고 자신을 비난했다. 한 친구가 그녀에게 말했다. "너는 더 이상 참을 수 없다는 생각이 들 때까지 노력한 거야. 얼마 동안은 가슴 아프겠지만 네가 새 인생을 시작하도록 우리가 도울게." 그녀의 마음을 가볍게 해주려고 다른 친구가 말했다. "그냥 길고 길었던 소개팅 같은 만남이었다고 생각해." 그 말에 이브가 하하 소리 내어 웃었다. 힘든 시간에 이브에게 절실했던 웃음이었다. "그 남자는 나쁜 놈이었어. 너는 더 좋은 사람을 만날 권리가 있어."라고 말하는 것은 도움이 안 된다. 물론 그 말은 맞는 것일 수도 있지만 이브의 고통을 없애주진 않는다. 이브는 자기 애인이 가해자가 된 근본적인 이유를 동정했을 수도 있다. 많은 가해자가 예전의 피해자였다는 사실을 기억해야 한다. 또한 존에게는 이브가 사랑한 면이 있고, 그가 어떤 짓을 했든 아직도 그녀는 그를 사랑할 수도 있다.

언어로 인해 생긴 상처가 아무는 데는 오랜 시간이 걸린다. 찢어진 살이나 부러진 뼈가 아무는 것보다 더 오래 걸릴 수도 있다. 그러므로 언어학대에서 벗어난 사람에게 "그 사람이 널 때린 적도 있니?"라는 질문을 던져서는 안 된다. 이브가 말했었다. "그는 나에게 주먹 대신 언어로 상처를 줬어. 몹시 아팠지."

_ 가족의 죽음을 받아들여야 할 때

짐이 되고 싶지 않다

Supporting the widowed spouse ● 가족의 죽음을
경험한 뒤 복잡
한 감정과 스트레스로 힘들어하는 사람에게 해줄 수 있는 말은 어
떤 것일까? 게다가 당신이 고인을 잘 알지 못하는 경우라면?

어느 날 오후 내 고객 중 한 명이었던 제이슨이 아버지가 돌아가
셨다며 시바(shiva : 이장 후 지키는 7일간의 복상기간 동안 가족이나 친
구가 사별한 가족을 위로하기 위해 방문하는 유대 전통 – 옮긴이)에 참석
해달라고 부탁해왔다.

제이슨의 어머니는 다른 사람들은 왜 자기만큼 힘들어하지 않는
지 이해하지 못했다. "나는 홀로 남겨졌어…. 앞으로 어떻게 살아
야 할지 모르겠어. 아무도 나를 이해하지 못해. 아직도 그이가 내
옆에 있는 것만 같은데…." 그녀는 조그만 소리로 울면서 아들에게
말했다. "그리고 나는 너한테 짐이 되고 싶지 않아."

그녀가 본래의 모습을 되찾으려면 상실감에서 벗어나 새로운 상

황에 적응해야 했다. 나는 그녀에게 부드럽게 물었다. "아드님이 어렸을 적에는 어머님께서 부모로서의 책임을 감수해야 했지요?'

"그럼요. 당연한 일이지요." 그녀가 천천히 말했다.

"지금도 그 때와 같아요. 다른 점이 있다면 이제는 아드님이 어머님을 책임져야 한다는 거지요." 내가 설명했다. "어머님은 절대로 짐이 아니에요. 이 상황에 잘 대처하셔야 제이슨이 자기가 맡은 책임을 제대로 완수했다고 느낄 거예요."

내 말을 들은 제이슨의 어머니는 잠시 생각에 잠겼다. 이윽고 그녀가 제이슨을 돌아보며 말했다. "정신을 차리려면 1주일은 걸릴 게다. 제이슨, 하고 싶은 말이 있다. 내 물건을 없애거나, 어떤 일을 결정하기 전에 먼저 나에게 물어봐주렴. 난 아직 죽지 않았다. 그리고 내가 아끼는 물건들이 있고. 너는 나한테 묻지도 않고 내 라디오를 버렸지."

"어머니." 제이슨이 힘이 빠진 목소리로 말했다. "트럭기사들이 거기 함께 있었어요. 짐을 전부 옮겨야 했다고요."

"알아. 하지만 넌 나에게 묻지 않았어. 나는 그 라디오의 사용법을 잘 알고 있었어. 내가 좋아하는 방송국들이 좋은 음악을 틀어주었지."

"어머니, 그럼 다른 라디오를 사 드릴게요. 그 때는 경황이 없었어요.

"고맙구나. 하지만 내가 원하는 건 새 라디오가 아니야. 난 그 라디오가 좋았어. 다루기에도 익숙했고." 그녀가 단호하게 말했다.

"앞으로 내 물건에 관한 건 나한테 묻기 바란다. 네 마음대로 하지 마. 부탁이야."

세상에는 마음먹은 대로 되지 않는 일이 많다. 사랑하는 사람이 삶의 과도기를 무사히 지나가도록 돕는 일도 그 중 하나다. 그 사람의 입장이 되어보지 않고는 모를 일이다. 나는 제3자의 입장에서 제이슨의 가족이 서로의 관점을 이해할 수 있도록 도울 수 있었다. 때로는 인척관계가 아닌 사람의 말을 듣는 편이 쉬울 수도 있다. 희망, 상처, 필요 등은 탯줄과 함께 묶여 있는 것이 아니기 때문이다.

홀로 살아간다는 것

Learning to live alone ● 어느 날 밤, 나는 오른손에 박힌 가시를 빼내려고 애쓰고 있었다. 나는 오른손잡이라 왼손으로 혼자 사투를 벌였다. 하필 오른손에 가시가 박힐 게 뭐람! 밤 10시에 손에 박힌 가시를 빼내는 일 따위로 누군가에게 전화할 수는 없는 노릇이었다. 그리 슬퍼할 일은 아니라고 자신을 타일렀지만 그 순간 '혼자' 라는 생각이 드는 건 어쩔 수 없었다. 누군가가 엄마 같은 손길로 그 가시를 빼내줬으면 하고 바랐다. 손에 박힌 가시는 아주 사소한 일이다. 하지만 나는 난생 처음으로 혼자 산다는 게 어떤 것인지 실감하게 되었다.

그런 느낌이 다시 든 건 마루가 움직였을 때였다. 처음엔 내가 잘못 본 거라 생각했었다. 그런데 그날 밤 늦게 또 다시 마루가 움직이는 게 아닌가! '왜 이런 일은 항상 늦은 밤에 벌어지는 것일까?' 라고 생각한 순간 또 마루가 움직였다. 아무래도 이상했다. 눈을 비비고 자세히 들여다봤다. 움직인 건 마루가 아니라 짐승의 꼬리였다. 집안에 쥐가 있었던 것이다. 아, 왜 나는 쥐덫 놓는 방법을 진작 배워두지 않았단 말인가.

이런 사소한 일들이 쌓이고 쌓이면 어느 날 갑자기 별 것도 아닌 일로 참을 수 없이 힘들고 외로운 느낌이 들기도 한다. 문제가 생겼기 때문이 아니다. 그것을 해결할 사람이 자기 자신뿐이라는 현실을 잘 알고 있기 때문이다. 물론 혼자라서 자유로움을 느낄 때도 있다. 신경 써야 할 사람도 없고, 집안일로 다투지 않아도 된다. 하지만 다시 사소한 문제가 일상에 끼어들면 초라하고 비참한 기분이 다시 고개를 든다. 그런 일이 반복될수록 그 여파도 커진다. 당신이 알고 있는 사람이 그런 상황에 처한다면, 절대로 "그런 사소한 일로 뭘 그래."라는 말은 하지 마라. 사소한 일이란 건 그들도 잘 알고 있다. 홀로 살아가는 인생의 장단점을 스스로 당신에게 말할 기회를 주도록 한다.

홀로 사는 사람을 돕고 싶다면 다음의 사항들을 기억하자.

- 그 사람이 누군가와 함께 있기를 바란다고 지레짐작하지 말고, 방문해도 좋은지 먼저 물어본다. 친구의 자존심을 살려주는 동시에 외로움을 덜 느낄 수 있게 하는 효과적인 방법이다. 그 사람은 누군가를 위해 음식을 만들거나, 누군가와 함께 식사를 하거나, 누군가와 같이 산보하기를 원할 수도 있다.
- 함께 시간을 보내자고 제안한다. 같이 영화를 보거나, 드라이브

를 하거나, 그가 가고 싶었던 곳에 같이 간다.

- 당신에게 손재주가 있다면 그 사람 집에 손볼 데가 있는지 묻도록 한다. 아니면 두 사람 몫의 일손이 필요한 일이 있는지 묻는다.
- 그 사람이 사는 지역에 당신이 아는 사람이 있다면 소개해주겠 다고 제안한다. 의지가 될 만한 사람도 괜찮고 친구가 될 만한 사람이라면 더 좋다.
- 그 사람이 멀리 떨어진 곳에 산다면 당신 집으로 초대해서 며칠 지내다 가라고 말한다. 생일이나 기념일, 다른 사람들이 가족 여 행을 떠나는 휴가철 등 홀로 지내는 것이 서글프게 느껴지는 시 기에 특히 도움이 된다.

_ 사랑이 가득한 선물을 주고받을 때

도자기 하트

When a gift offers a reservoir of care ● 어느 날 소포가 도착했다. 내가 주문한 것도 아니고 내 생일선물도 아니었다. 뜻밖의 선물에 약간은 설레는 마음으로 열어보았다. 소포상자 안에는 내 손바닥 크기만한 하트가 담겨있었다. 따뜻한 느낌이 드는 색색깔의 도기조각들을 조화롭게 붙여 만든 것이었다. 정말 근사했다. 이혼 후 처음 맞는 발렌타인데이였기 때문에 내가 실패한 결혼을 떠올리며 우울해할 거라고 생각한 친구가 보내준 선물이었다.

말로 표현할 수 있는 것보다 더 많은 뜻이 담긴 선물이 있다. 내가 받았던 하트처럼, 특별한 정성이 담긴 선물은 그 어떤 고급선물보다 훨씬 값어치 있다. 주는 사람의 마음이 그대로 전달되기 때문이다. 하트를 만드는 과정을 들은 나는 더욱 그 하트를 사랑하게 되었다. 그 하트를 만든 조각가는 둘도 없이 아름다운 도기들을 만든 다음 모두 깨뜨려버린다고 한다. 깨진 도기조각들을 일일이 붙여 새로운 작품을 만들어내는 것이다.

내가 힘들고 우울해질 때면 그 하트가 힘을 불어넣어주었다. 마음이 찢어지고 갈라져서 생긴 상처가 언젠가는 치유될 거라는 희망을 전해준 것이다. 마음이 담긴 선물은 받은 사람의 고통이 희미해진 후에도 계속 사랑을 전해준다.

그 소포에는 하트만큼이나 뛰어난 글이 적힌 한 장의 종이가 들어 있었다. 하트를 만든 예술가 리처드 본*Richard Bohn*의 허락을 받아 여기에 그 글을 옮긴다.

$$\backsim$$

치유의 선물

지리멸렬한 삶의 순간들을 담고 있는 이 하트를 나는 자신만만하게 미래를 향해 내던졌다. 하지만 하트는 불타오르지 않고 내 발 앞에 흩어지고 말았다.

조각 난 하트를 가만히 바라보다 그 조각들에 추억이 가득 서려 있음을 발견했다. 추억은 미세하게 갈라진 틈에서 천천히 스며 나와 내 가슴을 천천히 채운다.

들쭉날쭉한 파편의 날카로운 테두리를 손으로 더듬을 때면 조심해야 한다. 손길이 멎는 곳이 있을 것이기 때문이다. 깨져버린 맹세, 실패한 꿈, 덧없는 희망의 잔재 등이 깊은 바닥에 어지럽게 던져져 있는 갈라진 틈. 그 안을 자세히 들여다보고 그곳에 차곡차곡 쌓여 있는 경험의 파편을 바라본다.

이 약하고 상처투성이의 파편이, 자신의 온전했던 모습을 기억이라도 한 듯 다시 모인다. 이토록 아름다운 모습이 된 파편들을 지켜보면서, 우리는 무엇을 깨달을 수 있는가?

내가 만든 하트는 산산이 부서지는 고통을 경험했지만, 이 하트를 보고 만지고 기억하는 사람 모두 희망을 가졌으면 하는 것이 나의 바람이다. 우리는 부서지면서 지혜를 얻고, 그 고통을 치유한 후에야 아름다운 인간이 된다.

⁓

_ 은퇴 이후의 삶이 두려운 이에게

그들에게
다가온 기회, 은퇴

Retirement as a way of life ● 　은퇴. 이 과도기의 복잡함을 어떻게 이해할 수 있을까? 은퇴하는 사람에게 우리는 무슨 말을 해야 할까? 어떤 사람에게 "무슨 일 하세요?"라고 물었을 때 "은퇴했는데요."라고 퉁명스럽게 대답하는 사람이 있다면? 버드와 그의 아내 엘리스의 이야기는 이런 곤란한 상황에 대한 우리의 궁금증을 풀어 준다.

〰

　두려움 때문인 것 같아요. 자신이 은퇴했을 때의 상황이 두려워서 우리에게도 뭐라 할 말을 못 찾는 거죠. 나는 버드가 은퇴한 후에도 몇 년 더 일했어요. 그때 분명하게 느낀 건데, 은퇴 때문에 내 삶이 바뀌는 건 용납할 수가 없어요. 은퇴했다는 이유 하나만으로 별 볼일 없는 사람이 된다는 건 말도 안 돼요.

　우린 젊은 시절부터 이런 얘기를 하곤 했어요. 돈이 얼마나 있어야 은퇴 후에도 여유롭게 살 수 있을지 진지하게 의논했죠. 우리가 '충분'하다고 여긴 액수는 완전히 주관적이었어요. 1년에 한두 번 정도 여행을 하고, 우리가 즐기는 일을 하고, 이따금 우리 아이들을 방문할 수 있는 정도라면 적당하지 않을까 싶었죠. 가끔은 사치도 부려보고 싶었지만, 남에게 베풀 수 있을 정도의 액수는 남기고 싶어서 참았어요. 그렇게 보면, 우리는 성공한 셈이에요. 정말 감사한 일이지요.

버드가 은퇴한 첫 해는 조금 힘들었어요. 남편이 하루 종일 집에 있는 것에 적응해야 했지요. 나는 재택근무를 하는데, 그동안은 방해받는 것에 익숙하지 않았거든요. 남편도 조심한다고 했지만, 어쩔 수 없이 하던 일을 멈춰야 할 때가 생기더라고요. 서로를 방해하지 않고, 남편이 자신만의 시간과 공간을 가질 수 있도록 하는 데 상당한 시간이 걸렸죠.

❧

엘리스가 물리적인 공간이 침범당하는 것으로 어려움을 겪었던 반면에 버드가 가장 적응하기 힘들었던 것은 자기 안에 감성적인 공간을 마련하는 일이었다.

❧

빈틈없이 짜여진 스케줄에 얽매이지 않는 삶은 나에게 많은 선택권을 주었다. 최근에는 아들과 친구들을 만나 함께 시간을 보냈다.

좋아하는 예술가의 전시회를 보기 위해 박물관에서 하루를 보내기도 했다. 은퇴하기 전에는 상상만 했던 일이었다.

은퇴한 이후 가장 눈에 띄게 달라진 것은 엘리스와 함께 시간을 보내는 방법이다. 수풀을 거닐었다는 아내의 이야기를 듣고 그 날 활짝 핀 야생화를 본 그녀의 흥분을 이해할 수 있다는 사실이 나를 미소짓게 한다. 은퇴하기 전이라면 '이봐, 난 꽃 이야기 같은 걸 나눌 시간이 없어. 좀더 중요한 대화를 나눌 순 없나?'라고 생각했을 것이다. 하지만 이제는 긴장을 풀고 그녀의 즐거움을 함께 나눌 수 있다. 아내가 어떤 이야기를 하든, 나는 그녀의 말에 귀를 기울이려고 노력한다. 그것이 그녀가 원하는 것임을 알았기 때문이다. 전에는 그녀가 중요한 걸 말하는 데 너무 오래 뜸을 들인다고 생각했었다. 하지만 이제는 대화의 주제 같은 건 중요하지 않다. 그녀와 내가 함께 있다는 것만이 중요할 뿐이다.

❧

은퇴 이후의 확실치 않은 삶을 생각하면 마음이 무거워진다. 은퇴 전후의 과도기를 겪는 사람에게 좀더 섬세해지기 위해 은퇴한 사람들의 경험담을 옮긴다.

- 직장에 나가지 않는다고 해서 사회에 기여하는 것이 아무것도 없다고 생각하지 마라.
- 아직도 내 머리는 쓸만하다. 직장에 나가지 않는 것뿐이지 생각

하고, 배우고, 가르치는 것에는 아무런 문제도 없다. 필요하다면 다시 일할 수도 있다.

- 직장을 떠날 준비가 되지 않았음에도 은퇴하게 되어 씁쓸하다.
- 예전처럼 꽉 찬 스케줄이 없다는 현실에 적응하고 있다. 물론 다른 사람들에게는 내가 갈피를 못 잡는 것처럼 보일 수도 있다. 아직 새로운 기준을 찾지 못하고 있을 뿐이다.

수영장에서 만난
환한 웃음

Lessons from an elder ● 　나이가 든다는

건 우리 삶을 좀

더 신중하게 변화시킨다. 한 걸음, 한 단어, 혹은 메리의 경우처럼
한 번에 한 발자국씩 움직이듯이 신중하게.

　메리는 벤치에 앉아 자신의 낡은 지팡이를 내려다보고 있다. 아
쿠아로빅(aquarobic : 물의 저항을 이용해 신체를 튼튼하게 만드는 운
동 – 옮긴이 주) 수업을 기다리는 중이었다. 수영장에 가득 채워진
소독약 냄새가 희미하게 공중에 떠다녔다. 젊은 여자 한 명이 그녀
가 앉아있는 벤치로 걸어와 말을 건넸다.

　"안녕하세요. 제닌이라고 해요. 오늘은 우리 둘뿐인가 봐요."

　"그럴 리가요. 다들 곧 올 거예요." 메리는 그렇게 말한 뒤 곧 제
닌이 왜 아쿠아로빅을 하려는지 모르겠다는 의아한 눈으로 그녀를
바라보았다.

　"관절염이 있나요?" 이런 운동을 하기에는 제닌이 너무 젊다고

생각한 메리가 물었다.

"아니에요. 전 쉽게 치료하지 못하는 힘든 질병을 가지고 있어요. 그런데 의사가 수영을 하면 도움이 될 수도 있다고 해서요."

"그랬군요." 메리가 자신의 부어오른 무릎을 내려다보며 말했다. "난 50년 전에 스키를 타다가 무릎을 다쳤어요. 그 후유증으로 관절염이 생겨서 걸을 수도, 기어갈 수도, 설 수도 없어요. 그나마 이 운동이 유일하게 할 수 있는 거랍니다. 구부러지지 않는 무릎을 가지고 살기란 힘들어요. 가스난로를 사용하던 시절에는 불을 붙이기 위해 무릎을 굽히는 대신 주저앉아야 했어요. 아이들이 그런 내 모습을 보는 게 정말 견디기 힘들었지요. 난로에 불을 붙이는 간단한 일조차 얼마나 어려웠는지… 하지만 곧 적응하게 되더군요."

그때 지팡이에 몸을 의지해 천천히 걸어오는 다른 수강생들이 보였다. 메리와 제닌은 웃으면서 그들과 함께 색색의 수건 옆에 지팡이를 걸어둔 뒤 특별 제작된 계단을 통해 조심스럽게 물 속으로 들어갔다. 아쿠아로빅에 참여하는 사람들은 대부분 환자나 노인들이었다. 하지만 누구나 물 위에 뜨는 것은 쉽게 할 수 있었다. 그들에게 아쿠아로빅 수업은 평소 느끼는 고통의 무게에서 벗어날 수 있는 유일한 시간이었다.

아쿠아로빅 강사가 수영장 안으로 들어오고 강사와 수강생들은 40년대의 음악에 맞춰 '일상적인' 운동을 하기 시작했다. 웃음과 농담이 터져 나왔다. 원형으로 서서 움직이는 그들은 한 가족처럼 즐거워했다. 깊이가 얕은 수영장 안에서 손가락을 계속 움직이며 마치 술에 취한 사람처럼 기분 좋게 기우뚱거리는 것이다.

제닌은 의사로부터 아쿠아로빅이 그녀의 마지막 희망이라는 말을 들었기 때문에 이곳에 오게 되었다. 안 해본 것이 없는 그녀에게 아쿠아로빅을 시작하는 오늘은 중요한 날이었다. 이 운동마저 자신의 건강을 되찾아주지 않는다면 어떻게 해야 할지 그녀는 생각조차 하기 싫었다.

운동이 거의 끝나갈 즈음 메리와 제닌은 우연히 서로의 옆에 서게 되었다. 메리가 제닌을 돌아보며 낮은 목소리로 말했다. "사실 나는 제대로 할 수 있는 게 아무것도 없어요." 메리는 87세로 수업을 받는 사람 중 가장 나이가 많은 데다가 125cm의 작은 키여서 가장 얕은 곳에서만 움직였다. 머리까지 잠기는 깊은 곳에는 가고 싶어 하지 않았기 때문이다. 그래서인지 그런 말을 하는 메리가 갑자기 슬프고 외로워보였다.

제닌은 진심으로 말했다. "하지만 할머니는 웃으실 때 매력적이세요." 그 말이 메리를 웃게 만들었다. 얼굴은 주름으로 가득했지만 밝고 환한 웃음이었다. 40년대의 음악에 맞춰 다시 물살을 가로지르던 제닌이 메리를 쳐다보며 물었다. "손주 있으시죠?"

"고손주도 있다오." 메리가 자랑스레 말했다.

"그것 보세요." 제닌이 말을 이었다. "할머니가 아무것도 할 수 없다는 건 사실이 아니에요. 할머니 아니었으면 그 아이들이 태어날 수 있었겠어요?" 그 말을 들은 메리는 크게 웃더니 생각에 잠기는 듯 했다.

그 날 늦은 오후, 제닌은 친구인 랭던과 대화를 나누었다. "오늘 아쿠아로빅 수업에 갔던 건 치료를 위해서가 아니라 메리를 만나기 위해서였는지도 몰라. 그녀에게서 교훈을 얻기 위해서 말이야. 모든 일의 결과에만 너무 연연해하지 않는다면 필요한 것을 얻을 수 있다는 교훈…."

제닌에게는 있는 그대로의 자신만 알면 다른 것은 몰라도 괜찮은, 아픈 무릎을 가지고 있으면서 꽃무늬 수영복을 입고 여자 탈의실을 빛으로 가득 채우는 웃음을 가진 87세의 고조할머니, 메리가 강사였던 것이다.

제닌은 수업에서 얻고자 했던 결과를 얻지 못할 거라는 생각이 들었을 때 포기하는 대신, 잠시 숨을 돌려 절망에 빠진 자신을 추슬렀다. 몇 분 뒤 자신이 쓸모없는 존재라고 느끼던 또 다른 한 사람과 진정한 이해를 나눌 수 있었던 건 바로 그 때문이다.

엄마는 날 몰라도
내가 엄마를 알잖아

Living with Alzheimer's ● 치매로 고생하
는 사람들의 이
야기는 주위에서 흔히 들을 수 있다. 친구나 동료의 부모나 배우자
가 치매를 앓고 있다는 얘길 전해 듣는 경우도 비일비재하다. 사랑
하는 사람이 서서히 기억과 정신을 놓아가고 있는 것을 오랜 세월
동안 지켜봐야 하는 사람을 어떻게 위로할 수 있을까?

아버지가 돌아가신 후, 앨리사의 어머니는 치매 증세가 눈에 띄
게 심해졌다.

～

엄마는 더 이상 예전의 우리 엄마가 아니에요. 활기차고 건강했
던 과거의 모습을 떠올릴수록 괴로움만 커지더라고요. 엄마한테
옛날 일을 이야기할 때는 무슨 일이든 마치 처음 하는 것처럼 말해
야 해요. 아무것도 기억을 못하시기 때문에 추억이라는 게 없어요.
기억도 나지 않는 과거의 추억보다는 지금 이 순간 나와 함께 있다

는 사실이 훨씬 더 중요하죠. 처음에는 나도 그런 사실을 받아들이기가 힘들었어요.

아버지가 살아계셨을 때 얘기에요. 하루는 엄마와 함께 병원에 들렀다 집으로 돌아갔어요. 아버지는 폐암 말기셨는데, 하루가 다르게 병세가 악화되고 있었죠. 집에 도착하자마자 엄마가 아버지에게 가겠다고 막 우기는 거예요. 방금 병원에 갔다 왔는데도 말이죠. 지금 당장은 병원에 갈 수 없다고 말씀드렸어요. 그런데 엄마가 몹시 화를 내면서 제 팔을 꽉 붙잡고 거칠게 흔드시는 거예요. 얼마나 세게 붙잡았는지 시퍼렇게 멍이 들 정도였죠. 전 너무 놀라고 당황스러워서 "엄마, 왜 이래? 그만해요."라고 말했어요. 엄마는 문을 쾅 닫고 방으로 들어가셨어요. 방문을 어찌나 세게 닫았는지 문 옆에 걸려 있던 거울이 떨어져서 깨질 정도였죠. 엄마가 치매라는 건 알고 있었지만, 갑작스럽게 화를 내는 엄마 앞에서는 겁에 질린 아이처럼 어쩔 줄을 모르겠더라고요. 그럴 때는 어떻게 해야 하죠?

✍

나는 앨리사에게 이렇게 말해주었다.

"그럴 때는 당신이 딸이라는 생각을 버리세요. 엄마와 딸이 아니라 환자와 간호사가 되었다고 생각하라는 말입니다. 어머니를 사랑하지 말라는 뜻이 아니라, 어머니의 말과 행동에 상처받지 않도록 자신을 보호하라는 뜻이죠. 엄마의 이해할 수 없는 행동 때문에 계속해서 상처받고, 혼란에 빠진 상태로 살아서는 안 돼요. 오랜 세월 다져왔던 모녀지간이라는 행동패턴에서 벗어나야 합니다. 어머니의 행동을 바꾸겠다는 생각도 버리세요."

치매노인이 있는 가정은 항상 어려운 결정의 기로에 있다. 가족 중 누군가가 집에서 환자를 돌보거나 간병인을 고용해야 한다. 그럴 수 없는 경우라면 보호시설로 옮기는 수밖에 없다. 당연히 그런 결정은 너무나 어렵고 괴롭지만 피할 수 없다. 하지만 앨리사는 어머니를 보호시설로 보내느냐 마느냐를 결정하는 것은 차라리 쉬운 결정이었다고 말했다.

엄마가 완전히 다른 사람이 되었다는 사실을 도저히 받아들일 수가 없었어요. 사랑하는 엄마가 이해할 수 없는 행동을 하면서 우리한테 화를 내고 짜증을 부린다는 사실 자체가 너무나 끔찍했죠. 예전 같으면 상상도 못할 행동을 하면서 형편없는 모습으로 망가져가는 엄마를 보고 있다고 생각해보세요. 그런 순간에도 여전히 인내심과 사랑으로 대해야 하는 것이 가장 힘들었어요. 엄마 안에는 완전히 다른 사람이 들어 있어요. 잃어버린 자신을 찾아 헤매는 것 같아요.

정말 오랫동안 엄마에게 과거의 기억을 상기시켜드리려고 노력했어요. 우리가 누군지 제발 좀 기억해보라고 울부짖기도 했죠. 그렇게 애쓰던 걸 그만두는 데까지도 상당히 오랜 시간이 걸렸어요. 치매환자가 과거를 기억하는 것은 전신마비환자가 걷고 뛰는 것과 같아요. "…를 기억해요?"라고 다그치듯 묻는 것보다는, "그 해 크리스마스에 엄마가 나한테 자전거 선물해주셨던 거 기억나죠?"라고 과거의 일을 다시 말해주는 게 좋았어요. 엄마는 무슨 얘기든 처음 듣는 얘기처럼 즐거워하셨고, 우리도 엄마의 기억을 되살리는 데 쓸데없이 기운을 낭비하지 않아도 되었죠. 그저 엄마가 우리와 함께 있어주는 것만으로 행복하다고 생각했어요.

병이 깊어지면서 엄마는 나에게 더 많은 것을 가르쳐주셨어요. 나는 또래 친구들과의 우정만 우정이라고 생각했었는데, 엄마는 요양소에서 당신보다 스무 살이나 많은 할머니와 친구가 되었어요. 두 사람은 서로의 이름도 늘 까먹었고, 바로 어제 나눴던 이야기도 기억 못했지만 그런 건 전혀 문제 되지 않았어요. 예전 같으면 어떻게 그런 상태에서 우정이 싹틀 수 있는지 이해할 수 없었을 거예요. 엄마는 그것이 가능할 뿐만 아니라 즐거운 일이라는 것을 보여주셨죠.

사실 힘든 건 우리지 엄마는 잘 견뎌내고 계세요. 병으로 죽어가는 게 아니라 그저 치매환자로 살아가고 있는 거죠. 한때는 차라리 엄마가 돌아가시는 편이 나을 거라고 생각했지만 이제는 더 이상 그런 어설픈 감상에 빠지지 않아요. 중증이긴 하지만 아직도 엄마는 만족스럽게 살고 계세요. 그런 상태로 살아가는 것이 좋은지 나쁜지는 내가 판단할 일이 아니에요. 내가 알고 있던 엄마와는 완전히 다른 사람으로 살아간다 하더라도 말이죠. 고통 받는 건 우리지 엄마가 아니에요.

치매환자가 있는 가정은 정말 다양하고 혹독한 경험을 겪는다. 치매에 걸린 노모를 누가 모실 것인가, 어떻게 돌볼 것인가로 고통스러운 언쟁 끝에 법정까지 가는 가족도 있다. 치매환자였던 어머니에게 느꼈던 분노와 좌절감을 친구들에게 털어놓았으면 좋았을 거라고 후회하는 사람도 있다. 어머니를 돌보는 일이 마치 '지옥에서 시들어가는 것'과 같았다면 그런 심정을 이해해줄 만한 주변 사람에게 "언제 이 모든 게 끝날까?"라고 토로할 필요가 있었다. 이렇게 말이다.

"그냥 내 경험을 말하게 해줘. 짜증나고 두렵고 지리멸렬한 경험담이겠지만 말이야. 엄마가 내 이름을 기억하는지, 집주소를 까먹지는 않았는지, 그런 것 따위는 제발 묻지 마. 내가 엄마의 이름을 기억한다는 것, 그것만 기억해줘."

_ 죽음이 서서히 다가올 때

오랜 안녕

When death takes its time ● "아버지 침대 곁
에 앉아서 나는
계속 생각했죠. '아버지에게 남은 시간이 별로 없어. 무슨 얘길 해
야 할까? 뭔가 의미 있는 대화를 해야 하지 않을까?' 하지만 뭔가
의미 있고 중요한 말이나 행동을 생각해내려고 애쓰면 애쓸수록 아
버지와 점점 더 멀어지는 것 같았어요. 그런 강박관념을 버리고 아
버지와 함께 있는 것에 익숙해지는 데는 꽤 시간이 걸렸죠."

마르티나의 아버지는 림프종을 앓고 계셨다. 약과 주사로 병의
진행속도를 어느 정도 늦출 수는 있었지만 수술로도 완치할 수 없
는 상태였다. 마르티나는 거의 매일 병원에 들렀다. 하지만 집과 회
사에서 멀리 떨어진 병원을 오가는 고단한 생활 때문에 그녀의 일
상은 자기도 모르게 천천히 무너지기 시작했다. 회사에서는 업무에
집중할 수 없었고, 애인에게는 늘 짜증만 냈으며, 피로에 절어 건강
까지 위협받고 있었다. 이렇게 심각한 스트레스 속에서 갈가리 찢
어지는 듯한 심정으로 하루하루를 간신히 버텼다.

마르티나는 삶의 마지막장을 넘기는 사람이 가족의 도움으로 틀어졌던 관계를 회복하는 이야기를 들려주었다. 죽어가는 사람과 풀지 못한 감정이 있다면 하루 빨리 풀어야 한다. 풀지 못하고 그를 보내면, 오랜 세월 동안 그 감정의 매듭을 떠안고 살아야 할 테니까.

∽

처음 아버지가 입원하셨을 때는 할 일이 정말 많았어요. 우리 가족들은 모두 림프종에 대한 의학적인 정보를 얻기 위해 할 수 있는 건 모조리 했죠. 나는 병원과 회사를 오가면서 아버지를 돌봤고, 오빠들과 올케들도 사생활을 포기하고 아버지 간병에 매달렸어요. 그러면서 서로 가까워지기는 했지만 곧 막막한 현실에 부딪혔죠.

언제 끝날지 모르는 일에 모든 시간을 쏟았더니 지치기 시작했어요. 내 생활은 점점 망가져가고 있었고, 뭔가 해결책이 필요했어요. 일단 병원 옆으로 집을 옮기고 회사와 고객들에게 상황을 설명했어요. 아버지가 죽어가는 동안 내 경력도 같이 사라져갈까봐 두려웠어요. 나는 컨설턴트라서 고객과의 약속을 지키는 일이 중요하거든요. 하지만 고객들은 나를 격려하고 도와줬어요. 상상 밖의 일이었지요. "걱정 말고 가세요."라고 말해준 사람도 있었고, "당연히 아버지 곁에 있어야죠. 돌아올 때까지 기다릴게요."라고 한 사람도 있었어요. 새로 이사한 지역에 사는 새 고객을 소개해준 사람들도 있었답니다.

∽

마르티나의 친구들은 그녀의 결정에 두말없이 따르는 것으로 그녀를 도왔다. 그들은 이따금 그녀와 그녀의 아버지가 잘 지내는지 묻기는 했지만, 점차 상태가 악화되고 있다는 소식을 전해도 담담하게 받아들였다. 이사를 도와준 친구도 있었고, 비타민제, 책, CD 등의 선물에 따뜻한 마음을 가득 담아서 보내준 친구들도 있었다. 마르티나는 친구들이 여전히 자길 소중하게 여긴다는 것을 느낄 수 있었다.

〰

　막상 이사를 하고 아버지와 함께할 수 있는 시간이 많아지니까, 처음에는 그 시간을 어떻게 보내야 할지 막막하더라구요. 아버지는 워낙 과묵하시고, 나도 위로 오빠들만 많아서 별로 말이 없는 편이거든요. 아버지와 단 둘이 있는 게 처음에는 너무 어색했어요. 그때까지 아버지와 함께 지낸 시간이 별로 없었기도 하고.

　하지만 곧 깨달았어요. 아버지가 원하는 건 그저 함께 있어주는 것뿐이라는 걸 말예요. 병원에서 엑스레이를 찍는 동안 아버지 옆에 같이 있어드리고, 가끔씩 아버지를 모시고 교외로 드라이브를 가고, 아버지와 같이 아침식사를 하는 일처럼 그저 평범한 일상적인 일들을 함께하는 것이 아버지를 기쁘게 해드리는 일이었어요. 대단히 중요한 주제에 대해 심도 깊은 대화를 나눠야 한다는 강박관념을 버리고 말예요. 과거와 미래에 대한 걱정은 버리고, 대신 지금 이 순간 아버지에게 벌어지는 일에 초점을 맞췄어요.

아버지가 심한 통증을 호소하실 때면 아버지만큼이나 나도 괴로웠어요. 내가 아버지를 위해 해줄 수 있는 건 아무것도 없었지만 안달복달하거나 죄책감을 느끼지는 않았어요. 아버지의 고통을 없애주려고 쓸데없는 노력을 하는 대신 그저 조용히 아버지 곁을 지키면서 그 고통을 함께 느꼈죠.

오빠는 잘 견뎌냈지만 남동생은 힘들어했어요. 아버지는 남동생에게 사업을 이어가라고 말씀하셨죠. 하지만 그때만 해도 꽤 번창하던 사업이 아버지가 아프신 뒤로 점점 기울기 시작했어요. 게다가 아버지가 돌아가시고 난 후 남동생이 사업을 포기해버려서, 우리집은 더 복잡한 상황에 놓이게 되었죠. 남동생은 자신이 아버지를 크게 실망시켰다고 생각하고 있어요.

회사를 정리하는 과정에서 남동생은 전혀 가족들에게 의논하지도 않고 도움을 구하지도 않았어요. 그때 그냥 그만둬버린 게 형제들 사이에서 문제를 일으켰어요. 아버지는 돌아가시기 직전까지 자책하셨어요. 막내아들이 오랫동안 골머리를 앓던 문제를 처리하는 데 아무 도움을 못 주었다고 말예요. 몇 년이 지났지만, 지금도 그때의 풀리지 않은 감정이 우리 가족에게 남아 있어요.

❧

이 경우처럼 사랑하는 사람이 죽기 전에 그 사람과 맺힌 감정을 풀지 못하는 가족들이 있다. 죽음이 점점 다가오는 사람에게는 남은 시간이 별로 없다는 걸 뻔히 알면서도 왜 그와 화해할 수 없었을까? 단순히 그가 이기적이고 고집스러워서 그런 것이 아니다. 화해를 간절히 원했을 테지만, 다만 우리가 알지 못하는 이유로 그렇게 할 수 없었을 것이다.

이미 떠난 사람에게 풀지 못한 감정을 가지고 있다면 친구나 전문가의 도움으로 극복할 수 있다. 일기나 편지, 심리극이나 역할상담, 카운슬링 등을 통해 맺힌 감정의 응어리를 푸는 것이다. 하지만 용서할 준비가 되어있지 않은 사람이 있다면 그의 결정 역시 존중해줄 필요가 있다. 마르티나는 아버지의 죽음을 편안히 받아들이기 위해서 대화를 했다.

✍

우리는 아버지에게 여쭤봤어요. 아버지에게 하고 싶은 말을 다 할 수 있도록 친척들을 불러도 괜찮겠느냐고요. 아버지가 우리에게 얼마나 소중한 존재인지 알려드리고 싶었어요. 아버지는 모인 사람들이 꼭 무슨 말을 해야 한다는 의무감을 갖지 않았으면 좋겠다고 하셨어요. 그냥 함께 있기만 하면 된다고요.

돌아가시기 9개월쯤 전에 친척들이 모였어요. 살아계실 날이 얼마나 남았는지 가늠할 수도 없었고, 아버지가 우리의 말을 이해하지 못하실 정도로 악화되기 전에 모여야 한다고 생각했어요. 우리는 아버지 침대 주위를 동그랗게 둘러싸고 아버지에게 하고 싶었던 말들을 했지요.

모두 편안하게 아버지에게 말을 했는데 제 사촌만 그러지 못했지요. 그는 아무런 말도 하지 못했어요. 아버지는 그를 인자하게 바라 보시며 "괜찮다. 네가 나를 어떻게 생각하는지 안다."라고 말씀하 시고는 미소를 지으셨지요.

∽

마르티나의 아버지는 가족들에게 치유의 선물을 선사했다. 죽음 을 앞둔 대부분의 사람들은 이별을 고하는 말이나, 우리에게 그가 얼마나 소중한 존재인지 말할 기회를 주지 않는다. 자신에게 남은 시간이 얼마 없다는 사실을 입에 담는 것조차 허락하지 않는 사람 도 있다. 물론 그런 선택도 그의 권리이긴 하지만, 주위 사람에게는 감정의 응어리를 남기는 셈이다. 감정을 털어놓지 못하면 그들의 죽음을 받아들이는 데 훨씬 더 고통스럽기 때문이다.

남은 시간이
별로 없다

Visiting a friend in hospice ● 　시한부 인생을
　　　　　　　　　　　　　　　　살고 있는 친구

를 방문해야 할 때 무슨 말을 꺼내야 할 것인가? 환자 곁에서 밤새
잠 못 이루는 환자가족은 또 어떻게 도울 것인가? 병원에 방문하는
것이 괜히 환자가족을 번거롭게 만드는 건 아닐까? 죽음을 앞둔 사
람을 돌보면서도 자신을 잃지 않았던 애나벨의 이야기를 들어보자.

　수년간 남편의 암투병을 함께해온 애나벨은 어려운 결정을 내렸
다. 남편을 요양시설에 입원시켜야겠다는 결정이었다. 남편의 병
세는 점점 악화되었고 거동까지 불편해지자 남편을 옮기거나 목욕
시키는 일을 그녀 혼자서는 도저히 감당할 수 없었던 것이다.
　요양시설에 들어간다는 것은 거의 끝이 가까워졌음을 인정하는
고통스러운 결정이기도 했다. 하지만 보호자에게는 안도의 한숨을
쉬게 만들어주기도 한다. 요양시설의 전문가들은 밤낮으로 환자를
돌보며 고통을 최소한으로 줄여주기 때문이다. 늘 환자에게 매여

있던 가족들은 쉬면서 추억을 떠올리거나, 다가오는 죽음에 대비할 힘을 모을 수 있다.

애나벨은 남편의 병실을 될 수 있는 한 집처럼 꾸미려고 애썼다. 남편은 암과 싸우느라 애처로울 정도로 수척해졌고 마음도 황폐해졌다. 애나벨은 남편이 왕성하게 활동하던 시절의 사진들로 병실을 가득 채웠다. 젊었을 때 찍은 가족사진을 비롯하여 영국 해병대 제복을 입은 근사한 남편의 사진들을 간호사들에게 보여주고, 그가 얼마나 강하고 멋진 사나이였는지 이야기했다. 병문안 온 사람들이 환자의 죽음을 좀더 수월하게 받아들이게 돕는 방법에 대해서 애나벨은 다음과 같은 안내문을 병실 문 앞에 붙여두었다.

〰

우리 그이는 자신이 죽어간다는 사실을 알고 있어요. 그게 불편하게 느껴지는 분도 계실 거예요. 병문안을 와주셔서 정말 고맙습니다. 무슨 말을 해야 할지 어떻게 행동해야 할지 모르겠다면, 이렇게 해주었으면 좋겠어요. 그이에게 평안한 마음을 주려는 것 외에 다른 뜻은 없습니다. 아래와 같은 방법으로 우리 그이를 위로해주시길 부탁드립니다.

- 암과 싸우느라 남편은 많이 약해졌습니다. 그런 모습에 놀라지 마세요. 가슴속에는 예전의 근사한 모습이 그대로 있답니다.
- 남편은 예나 지금이나 멋쟁이 신사예요. 그의 담요가 흉하게 비

뚫어져 있다면 가지런히 바로 잡아주세요.

• 남편은 신체적인 접촉을 좋아해요. 손을 잡아주거나 팔을 쓰다 듬어주세요. 그와 교감을 나눌 수 있는 좋은 방법입니다.

• 남편과 병에 대한 얘기 말고 다른 주제에 대해서 대화를 나누세요. 정치 이야기나 최신뉴스, 예전에 남편과 함께 나누었던 즐거운 추억, 흥미진진한 소문 같은 거요. 유쾌한 농담은 항상 좋아한답니다.

• 남편이 당신에게 얼마나 소중한 존재인지 말하세요. 눈물을 보여서는 안 된다고 생각하지 마세요. 웃음이 나면 웃고 눈물이 나면 우는 건 자연스런 일이니까요. 이별할 때 가장 좋은 대화는 사랑과 우정에 관한 것이랍니다.

• 남편에게 전화를 자주 걸어주는 것도 좋아요.

• 남편은 진통제 때문에 가끔 정신이 가물가물해져요. 멍한 사람처럼 보일 때도 그이는 당신이 거기 있다는 것을 잘 알고 기뻐하고 있습니다. 그럴 때는 가만히 그이 손을 잡아주세요.

• 남편이 불편해하거나 아파하면 즉시 간호사를 부르세요.

• 만약 제가 없는 사이에 왔다 가셨다면, 남편의 상태가 어땠는지 저에게 알려주세요. 남편이 불편해보였다거나, 간호에 문제가 있다고 생각하면 저에게 전화로 알려주세요. 큰 도움이 될 겁니다. 자동응답기에 메시지를 남겨놓는 것도 좋습니다.

• 남편이 잠들어 있다면 옆에 있는 방명록에 메시지를 남겨주세요. 깨고 난 후 남편이 보고 기뻐할 거예요.

남편을 찾아와주서서 정말 고맙습니다. 좋은 시간이 되길 바랍니다.

                                                             – 애나벨

∽

애나벨은 이렇게 말했다.

∽

남편과 하루 종일 함께 있지 못하는 게 늘 마음에 걸렸어요. 하지만 나도 집에 가서 쉬거나, 좀 걸으면서 가만히 생각을 정리할 시간이 필요했어요. 아무도 없는 곳에서 실컷 울고 싶기도 했고, 남편의 상태에 대해서 아이들과 대화를 나누어야 할 필요도 있었어요.

죄책감에서 조금이나마 벗어날 수 있었던 때는 누군가 저 대신 남편 곁을 지켜줄 때였어요. 하루 종일 남편 곁을 지켜준 친구도 있었죠. 남편도 나에게 이런 휴식이 필요하다는 걸 이해했고, 새로운 얼굴을 보는 걸 즐거워했어요. 하지만 남편이 좋아하지 않는 사람이라면 아무리 좋은 뜻에서 도와주는 것이라도 "죄송하지만 오늘은 안 되겠네요. 신경써주서서 감사합니다."라고 예의바르게 거절했습니다.

전화로 죽어가는 환자의 상태를 묻는 것은 때로 환자가족을 더욱 지치게 하는 일입니다. 안 그래도 환자가족들은 지쳐 있고 우울해요. 앞으로 무슨 일이 벌어질지 몰라서 끔찍하게 두렵고요. 의무감 때문에 전화 거는 사람들에게 점점 악화되는 환자의 상태를 이야기하는 것도 고역입니다. 전 자동응답기로 이 문제를 해결했어요. 자동응답기에 남겨놓은 메시지를 확인한 후에 진심으로 남편과 나를 염려하는 사람들에게 전화를 걸었어요. 당장 내 가슴이 찢어질 듯이 아픈데 주변 사람에게 예의바르게 굴지 못했다고 죄책감을 느낄 필요는 없답니다.

사랑하는 사람이 죽어갈 때 사랑을 표현하는 가장 좋은 방법은 그의 생각을 들어주는 거예요. 당신이 그를 사랑하는 만큼 다른 사람들에게도 그와 함께할 시간을 주세요. 그가 죽기 전에 바로잡고 싶은 것이 있다고 말하면 그렇게 할 수 있도록 도와주세요. 그의 두려움을 들어주고 달래주세요.

당신이 그를 많이 그리워하게 될 거라고 말해주세요. 그리고 함께 우세요. 죽음은 누구도 피할 수 없는 삶의 일부분이고, 그를 사랑하는 당신의 마음은 영원히 계속되리라는 믿음을 주세요.

특별히 기억해야
하는 날들

Anniversaries of loss ● 　사랑하던 사람
의 기일이 돌아
오면 우리는 추억을 되살리고 그의 삶을 되짚어보는 시간을 갖는
다. 이 괴롭고도 즐거운 시간 때문에 사랑하던 사람을 잃은 슬픔은
시간이 지날수록 더욱 깊어질 수도 있다.

　나 역시 마찬가지다. 만약 아버지가 살아계셨다면 오늘이 여든
번째 생신이었을 것이다. 아버지가 돌아가신 지 13년이나 지났지
만 나는 아직도 아버지에게 할 말이 많이 남아 있다. 부모님에게
"고맙습니다."라고 마지막으로 말한 게 언제였는지 기억나는가?
나는 오늘 산책하던 중에 혼잣말로 아버지에게 "고맙습니다."라고
말했다. 이런 날은 아버지가 내 인생에서 얼마나 소중한 존재였는
지 다시금 생각해보게 된다.

　돌아가신 분의 기일에 산소를 찾아가보거나 조용히 즐거웠던 기
억을 떠올리는 사람도 있지만 혼란스러운 감정을 느끼는 사람도 있

다. 고인과 풀지 못한 감정의 매듭이 아직도 남아 있는 경우가 그렇다. 솔직히 말하면 나 역시 오늘처럼 아버지에게 감사하다는 느낌을 가지기까지 힘든 시간들이 있었다.

엄마와 이혼한 후, 아버지는 내게 한 마디 말도 없이 6년간이나 사라지셨다. 나는 그 충격을 받아들이느라 힘겨운 나날을 보내야 했다. 6년 만에 아버지가 돌아오셨을 때도 우리의 관계는 예전 같지 않았다. 아버지에 대한 원망은 사라졌지만, 아버지를 있는 그대로 받아들이는 데 상당한 시간이 걸렸기 때문이었다.

죽은 사람의 생일이나 기일을 맞은 사람에게 어떤 말로 위로해주어야 할까? 호들갑스럽게 애도를 표하거나, 애써 화제를 바꾸거나, 어색한 침묵에 빠져드는 것은 좋지 않다. 그보다는 고인에 대한 기억을 이야기하는 것이 좋다. 슬픔에 빠진 사람 역시 혼자 조용히 생각하고 싶을 뿐, 자신 때문에 상대방이 불편한 침묵을 지키는 것은 원하지 않는다. 거창한 위로의 말로 부담 줄 필요도 없다. 그저 그들이 예민해져 있으리라는 것만 이해해주면 된다.

어느 날 아침 카풀을 하는 동료가 차를 길가에 잠시 세워야겠다고 말했다고 생각해보자. 그날은 그의 어머니가 돌아가신 지 1년이 되는 날이었다. 직장에 도착했을 때 그는 어머니 생각이 더욱 간절해졌다. 자신이 사무실에 앉아서 눈물을 흘리게 될 줄은 꿈에도 생각해보지 못했던 일이었다. 하지만 돌아가신 어머니의 첫번째 기일이었기 때문에 더욱 마음을 추스르기가 힘들었다.

그는 동료직원들에게 그 이야기를 전했다. 오히려 숨기려고 애쓰는 것보다 이야기를 하고 나자 한결 마음이 가벼워졌다. 동료들은 그가 마음의 문을 열고 자기 감정을 말해준 것에 감사했다. 사실 '객관적인' 삶이란 존재하지 않는 것 아닌가?

얼마 전에 아버지를 잃은 리즈는 이런 말을 했다.

～

부모님이 살아계신 사람도 있고 그렇지 않은 사람도 있습니다. 아직 부모님이 살아계신 사람들은 혹시 돌아가시게 되면 어쩌나 하는 두려움을 안고 살아가죠. 나이가 많든 적든 부모님의 죽음은 상상할 수도 없는 일입니다.

부모님의 죽음을 경험한 사람은 나를 이해할 수 있을 겁니다. 돌아가신 부모님 얘길 하면서 울다가 웃다가 하는 걸 말입니다. 사람들은 우리가 왜 관 속에 누워계신 아버지의 발을 담요로 덮어드렸는지 이해하지 못합니다. 잠자리에 드실 때마다 어머니는 아버지에게 "당신 발은 너무 차가워요. 저리 치우세요." 하고 말씀하셨어요. 다시는 차가운 아버지 발을 느낄 수 없겠죠. 그래서 어머니는 관에 누워계신 아버지 발에 마지막으로 담요를 덮어드린 것입니다. 아버지 기일이 돌아오면 우리 가족은 이런 기억들을 떠올리곤 합니다.

～

말없이 곁을 지켜주는 것만으로도

애정 어린 배려를 마음에 담고 있다면, 침묵하는 것만으로
도 상처를 치유할 수 있다. 슬픔에 빠진 동료나 친구가 아무
말도 하고 싶어 하지 않을 때도 있다. 함께 있어주는 것은 좋
지만 당신이 침묵 속에서 불편해하는 것을 바라지는 않을 것
이다. 자신의 슬픔만으로도 벅찬 그들에게 당신의 상태까지
신경 쓰게 해서는 안 된다.

침묵에 쉽사리 익숙해지는 사람들도 있지만, 침묵이라는
배려의 마음을 전하는 것을 배우는 데 오랜 시간이 걸리는 사
람도 있다. 나의 경우 처음에는 슬퍼하는 사람과 함께 있다는
사실에 감사하면서 침묵을 지키고 있는 것이 무척 어려웠다.

우선 그에게 혼자만의 시간을 갖고 싶은지 부드럽게 물어
보라. 그저 당신이 곁에 함께 있어주거나, 말없이 손을 잡아
주길 바랄지도 모른다. 대화를 하는 대신 좋아하는 음악을 함
께 들으면서 각자 조용히 생각에 빠지는 것도 좋은 방법이다.
당신은 옆방에서 책을 읽거나, 편지를 쓸 수도 있다. 그를 위
해 음식을 만드는 것도 좋고 청소를 해주는 것도 좋다.

침묵을 어색하게 생각하지 말고 편안하게 느껴라. 그렇게 할 수 있으려면 약간의 연습이 필요할 것이다. 삶에 의미를 부여하는 침묵 속에서 때로 자신과 혼자 있는 법을 배워야 한다. 침묵은 가슴속에 담긴 진심을 들려준다.

- 누군가와 함께 침묵하는 가운데서 편안하게 느끼고 싶다면 무엇이 그것을 어렵게 만드는지 생각해본다. 당신의 존재가 상대방에게 아무런 도움도 되지 못한다고 느끼는가? 그래서 그와 함께 있는 게 무의미한 것처럼 느껴지는가? 대화가 끊기면 감정을 더 이상 숨길 수 없어 울음을 터트리거나, 화를 내고, 슬픔과 좌절감에 빠질까봐 걱정스러운가?
- 우선 혼자만의 시간을 보내는 법을 연습해야 한다. 묵상을 통해 '말을 해야만 할 것 같은 강박관념'을 버리거나, 그저 조용히 앉아 당신의 삶에 관련된 사람들이나 상황에 감사하는 법을 배우도록 한다. 그리고 나면 자연스럽게 침묵을 받아들일 수 있고 이따금 대화를 멈추고 상대방을 부드럽게 안아주거나 혹은 함께 있을 수 있다는 것에 말없이 감사하는 법을 배울 수 있을 것이다.

Part 5

사랑을 떠나보내며

Lost Loves

고양이 리오가
영원히 잠들다

Putting a 'four-footed angel' to sleep ● 　집에서 키우는
개나 고양이를
가족의 일부라고 여기는 사람들도 많다. 물론 누구나 그렇게 생각
하는 것은 아니다. 애완동물을 잃어버린 친구를 어떻게 위로해야
할지 잘 모르는 것도 그 때문이다. 어느 날 사랑하는 고양이가 죽었
다며 수의사인 안드레아가 슬픈 소식을 전했다. 인터넷 상담 게시
판에 올린 글이다.

〜

　오늘 새벽 두 시에 고양이 리오가 영원히 잠들었어요. 6년 전에
리오를 데려왔죠. 털이 복슬복슬한 예쁜 고양이였어요. 리오가 처
음에 우리 병원에 왔을 때는 거의 빈사상태였어요. 발은 불에 까맣
게 그슬렸고 꼬리 끝에만 털이 한 뭉텅이 겨우 남아 있었어요. 겨우
1.3kg밖에 안 되는 고양이가 마치 '제발 나를 사랑해주세요.' 라고
말하듯이 얼굴을 비벼대던 모습은 아직도 눈앞에 선해요.

두세 달이 지나자 리오는 아름다운 노르웨이 산 고양이로 둔갑했어요. 우린 애정표현에 인색하지 않았거든요. 리오는 내 무릎 위에 올라앉아 '나와 함께 있어줘요. 나에겐 지금 이 순간이 가장 중요하답니다.' 라고 말하듯 나의 눈을 바라보곤 했답니다.

어젯밤 자정 쯤 리오의 비명소리가 들려왔어요. 황급히 아래층으로 뛰어 내려가서 보니까 리오는 뒷다리 부분이 마비된 상태로 고통스러워하고 있었어요. 응급처치를 할 수 있는 동물병원으로 급히 데려갔죠. 리오의 심장박동이 좀 이상하다는 건 알고 있었지만 그렇게 갑작스럽게 문제가 생길 줄은 몰랐습니다. 그날 밤 리오의 심장에서 굳어진 핏덩어리가 나와서 뒷다리의 혈관을 막았던 거예요. 리오는 고통으로 신음하다가 새벽 두 시경에 내 품에 안긴 채 영원히 잠들었죠. 리오는 사랑하는 사람과 어떻게 시간을 보내야 하는지, 어떻게 사랑해야 하는지 알고 있었어요. 리오가 너무나 그리워요.

∽

나는 안드레아에게 이런 답글을 써주었다.

∽

리오가 당신의 삶에 가져다준 사랑이 느껴집니다. 리오가 아프다는 걸 알면서도 사랑을 주고받았다는 사실이 정말 절절하네요.

우리 가족은 대푼이라는 미니 닥스훈트를 키웠어요. 6년 전쯤이었을 거예요. 대푼이 희귀한 병으로 갑작스럽게 우리 곁을 떠났답니다.

애완동물을 잃는 슬픔을 이해하지 못하는 사람도 많아요. 강아지나 고양이의 죽음이 사랑을 주고받던 한 존재를 잃는 것과 같다는 것을 모르기 때문이죠. 한 친구는 자기 강아지가 차에 치여 죽자 온 가족이 모여 장례식을 치러주었대요. 아직도 그 강아지 무덤에는 꽃이 놓여있지요.

나 역시 리오를 잃은 당신의 고통을 완전히 이해하고 똑같이 느낄 수는 없겠죠. 하지만 당신의 슬픔이 어떤 것인지는 알아요. 나도 똑같은 경험을 했으니까요. 대푼이 죽었을 때 개 한 마리가 죽은 것이 무슨 대수냐고 여기던 친구들이 있었어요. "다른 개를 구하면 되잖아요."라고 말한 이도 있었고 "겨우 개였을 뿐인데."라고 말한 사람도 있었지요. 겨우? 겨우 개라니요! 위로한답시고 "이제 어떤 종류의 개를 키울 건가요?"라고 묻는 사람도 있었어요. 그들은 우리가 가장 사랑하는 소중한 존재가 다른 걸로 대치될 수 없다는 사실을 모르나봐요.

리오와 즐겁게 지내던 시간을 생각해보세요. 그 순간 리오는 다시 살아날 거예요. 안드레아, 당신 덕분에 대푼을 다시 떠올릴 수 있었어요. 대푼이 우리에게 준 커다란 사랑에 다시 한 번 감사할 기회를 가졌고요. 마지막 순간까지 리오와 함께 있어준 당신에게 애도의 뜻을 표합니다.

그 이후 내 친구 에이프릴은 이런 답글을 달았다.

꽃

솔직히 말하면 나는 애완동물의 죽음을 슬퍼하는 사람들을 이해하지 못했어요. 우리 올케가 왜 아직도 강아지 신디의 재를 옷장 속에 간직하고 있는지, 왜 이사 갈 때조차 그것을 가지고 가는지 이제야 알 것 같군요. 아이가 없던 올케는 30년 동안 두 마리의 개를 키웠는데, 그 중 하나가 신디였어요. 신디에 대해서 집착하는 이유를 이제 알 것 같아요. 고맙습니다.

꽃

많은 경우 우리는 다른 사람들의 상처를 이해하지 못한다. 그가 자기 얘기를 하기 전에는 더더욱 이해하지 못한다. 친구나 동료, 친척을 아무리 사랑한다고 해도 그의 상처에 '별일도 아닌데 왜 저러지?'라는 생각을 갖게 된다면 그를 진정으로 위로할 수 없다. 일부러 그렇게 생각하는 것이 아니라 해도 마찬가지다. 애완동물을 잃는다는 것은 가장 좋은 친구를 잃는 것 같은 깊고 쓰라린 상처다.

안녕이라는
이별의 말도 못했는데

Unfinished feeling ● 우리 어머니가 갑자기 심장마비로 돌아가셨을 때, 내 여동생 로리는 "엄마에게 외할머니가 될 거란 말을 못 했어."라며 울먹거렸다. 로리는 임신 3개월 정도가 되면 엄마에게 말하려고 했다는 것이다. 그때는 임신여부도 불확실했고 엄마가 쓸데없는 걱정을 하실까봐 의사가 모든 게 정상이라고 말할 수 있을 때까지 기다렸다고 한다. 그런데 그 말을 하기도 전에 어머니가 돌아가셨다. 우리 가족과 가깝게 지내던 조시 아주머니는 후회와 슬픔에 찬 로리에게 이렇게 말했다. "걱정 마. 엄마는 알고 계셔."

조시 아주머니는 하늘을 올려다보며 "엄마가 어디 계시든 로리 네가 임신한 사실을 알고 계실 거야."라고 말씀하셨다. 로리는 그 말을 듣고 엄마에게 기쁜 소식을 먼저 알리지 못한 죄책감을 어느 정도 덜 수 있었다. "아주머니 말이 맞아요. 엄마는 아세요. 왜 그 생각을 못했을까." 로리가 눈물을 훔치며 조용히 말했다.

갑작스럽게 사랑하던 사람을 잃어버린 사람을 어떻게 위로할 수 있을까? 고인에게 미처 하지 못했던 말을 누군가에게 털어놓을 수 있다면 마음이 조금이나마 가벼워질 수 있을 것이다. "그를 떠나보내기 전에 해주고 싶었던 말이 있었나요? 원한다면 내가 기꺼이 들어줄게요."라고 말해보자. 표현하지 못했던 생각을 말이나 글로 표현하는 것은 슬픔의 무게를 줄이는 좋은 방법이다.

사랑하는 사람을 잃은 충격에서 벗어나더라도 여전히 풀지 못한 감정의 앙금이 남아 있을 수 있다. 그리고 그런 감정이 해소되려면 수년의 세월이 걸릴 수도 있다는 걸 기억해야 한다. 켄은 아버지에게 마지막 인사를 드리지 못했다는 사실에 괴로워하고 있었다. 장례식에서 송덕문을 읽지 않았던 것이다. 켄은 10년이 지나고 나서야 이 문제를 매듭짓기 위해 용기와 유머로 가득 찬 송덕문을 써서 가족과 친구들에게 보여주었다. 켄은 아래와 같은 송덕문을 쓰면서 마침내 자기 자신을 용서하고 마음의 평화를 찾을 수 있었다.

∽

아버지는 나에게 대학에 가라고 간곡하게 권유하셨다. 당시 나는 친구들을 따라 해병대에 가야겠다고 생각했었다. 어느 날 밤 아버지는 맥주 몇 병을 들고 내 방에 들어오셨다. 우리는 마주앉아서 맥주를 마시며 이런저런 얘길 나누었고, 새벽 무렵에 나는 대학에 가겠다고 결심했다. 뒤돌아보니 그것은 내가 살아오면서 했던 선택 중 가장 현명한 선택이었다.

아버지는 지위고하를 막론하고 모든 사람을 사랑했다. 가게에 들어가면 가장 먼저 만나야 할 사람이 그 가게의 청소부라고 말씀하셨던 게 생각난다. 왜냐고 묻는 나에게 아버지는 이렇게 말씀하셨다. "사장이든 청소부든 누구나 존중을 받을 자격이 있단다."

과묵하셨던 아버지는 애정표현을 잘 하시는 편이 아니었지만, 자기만의 방식으로 따뜻한 마음을 표현하곤 하셨다. 그분의 엄격함과 고집은 아무도 꺾을 수 없을 정도였지만, 그것이 사랑과 배려에서 나온 행동이라는 사실은 누구나 금세 알 수 있었다.

특히 기억에 남는 것은 아버지 특유의 말투다. 아버지는 종종 나에게 이렇게 말씀하셨다. "아들아, 잘했다. 하지만 넌 여전히 개똥이다, 이놈아." 이 말은 내가 가장 좋아하는 말이다. 늘 넉넉한 품에 따뜻하게 안아주시면서 아버지가 나를 얼마나 자랑스럽게 생각하는지 잊지 않고 말씀해주셨다.

아버지의 장례식에서 송덕문을 읽을 수 없었던 건, 할 말이 없어서가 아니었다. 제대로 해내지 못할까봐 두려운 마음도 있었고 누군가가 그걸 가지고 트집잡을까봐 겁이 나기도 했다. 지금처럼 감정을 표현하는 법을 알고 있었다면 그런 걱정은 하지 않았을 텐데 말이다. 무슨 말을 하든, 또 어떤 식으로 표현하든 내가 말하는 내용에 진실이 들어 있다면 사람들은 내가 아버지에게 가졌던 사랑을 느꼈을 것이다. 중요한 건 그것뿐이었는데….

고인에게 이별을 고하지 못했다는 사실에 괴로워하는 사람이 있다면 다음과 같은 방법을 생각해보자. 급작스런 죽음 때문에 하고 싶었던 말을 미처 하지 못했을 수도 있고, 혹은 켄의 경우처럼 사람들 앞에서 무슨 말을 해야 할지 몰라서였을 수도 있다. 여러 사람이 모인 자리도 좋고 혼자서도 좋다. 간단한 의식을 통해 마무리 짓지 못한 아쉬운 감정을 떠나보내도록 하자.

사랑하던 사람을 떠나보낸 슬픔을 극복하는 데 정해진 시간이 있는 건 아니다. 감정이 끌고 가는 대로 따라가면 되는 일이다.

"이제 더 이상 고통 받지
않으실 테니까
오히려 다행이에요"

When death brings relief ● "내 걱정은 하지
마세요. 괜찮아
요. 축복이었는걸요. 아버지는 평온하게 돌아가셨어요." 그레이스
는 아버지가 돌아가셨다고 말하며 이렇게 덧붙였다. "아버지는 이
제 더 이상 고통스럽지 않으실 테니까 차라리 다행이에요."

사랑하던 사람의 죽음이 다행이라고 친구가 말할 때 무슨 말을
할 수 있을까? 이런 경우 "유감이다."라는 흔해빠진 말을 할 필요
가 없어진다. 한밤중에 전화벨 소리만 울려도 가슴이 덜컥 내려앉
는 경험, 요양소나 병원으로부터 걸려오는 전화에 더 이상 놀랄 필
요가 없어진다. 끊임없이 몰려오는 죄책감, 무능함, 언제 끝날지 모
르는 두려움 등에서 벗어날 수 있다.

누군가의 죽음이 축복이라는 말에 어떤 반응을 보여야 할지 난감
할 것이다. 그럴 때는 그냥 그 말을 있는 그대로 받아들이면 된다.
그리고 그와 동시에 친구에게는 여전히 스며드는 기억들, 매듭지어
야 할 일들, 다시는 이룰 수 없는 꿈이 있다는 걸 기억해주어야 한

다. 살아남은 사람은 언젠가는 먼저 간 사람의 죽음과 타협한다. 그 죽음이 남긴 슬픔과 타협하고 그것을 극복하기까지는 아주 오랜 시간이 걸릴 수도 있다.

어느 정도 예상할 수 있었던 죽음이라면 그 죽음이 주는 충격이 그리 크지 않을 수도 있다. 그리고 그 슬픔은 오랜 시간이 흐른 뒤에 더 절절하게 느껴질 수도 있다.

이런 상황에 놓인 사람의 감정을 어떻게 읽을 수 있을까? "잘 된 일이야."라고 먼저 말해서는 안 된다. 고인의 가족이 "드디어 고생 끝이다."라고 말해도 놀라지 마라.

그날 밤 그레이스는 위로를 원하지 않았다. 이웃들이 음식을 만들어 오는 것도 반갑지 않았다. 그저 가족과 조용한 시간을 보내며 아버지가 남긴 여러 가지 일들을 마무리 짓고 싶어 했다. 아버지와의 추억을 이야기하며 함께 웃고 또 함께 울고 싶었던 것이다.

아버지를 잃었다는 슬픔을 나누며 몇 년 전에 돌아가신 어머니 기억까지 떠올랐다. 그레이스는 세상에 혼자 남겨진 듯한 느낌이었다. 자신이 더 이상 그 누구의 자녀도 아니라는 사실을 깨닫는 묘한 순간이었다.

누군가의 죽음을 축복으로 여기는 것은 상당히 어려운 일이다. 우리가 자라면서 배운 윤리나 인생관에 상반되는 일일 수도 있다. 하지만 마침내 고통이 끝났다고 안도하는 사람을 위로하려면, 그 사람의 생각에 찬성할 수 없다 하더라도 그에게 용기를 주고 그의 뜻을 받아들여야 한다. "그동안 고생 많으셨죠. 적응하시려면 시간 좀 걸릴 거예요."라고 말해주자.

죽음이 축복이라 느끼는 사람에게 어떻게 용기를 줄 수 있을까? 그들의 경험을 있는 그대로 받아들이고 이야기를 들어주면 된다. 단, 그들이 느끼는 감정이 옳지 못하다는 편견을 버리고서 말이다.

_ 죽음을 준비하려는 이에게

남겨진 사람들에게
특별하게 기억되고 싶다

Writing the obituary ● 엄마는 노스캐롤라이나의 산

꼭대기에 있는 산장에서 혼자 사셨다. 어느 날 밤 엄마는 나에게 전화를 하셨고, 우리는 한참 동안 일상적인 얘길 나누었다. 무슨 얘길 했는지 자세히는 기억나지 않지만, 얘기를 하던 중 엄마는 이런 얘길 하셨다. "낸스, 부탁이 하나 있는데…. 별로 어려운 일은 아니지만 중요한 일이야. 네가 우리 집안의 유일한 작가잖니. 그래서 부탁하는 거야. 뭘 좀 써달라고…."

"그럴게요. 뭔데요?" 내가 물었다.

"신중하게 생각해보고 부탁하는 거니까 따지지 말고 들어줘. 내가 살아 있는 동안에 네가 내 부고기사를 써주렴. 내가 원하는 내용이 기록되었는지 내가 미리 알 수 있도록 말이야."

나는 깜짝 놀랐다. 이런 얘기는 보통 엄마와 딸이 전화로 주고받을 수 있는 얘기가 아니지 않은가? "알았어요. 내가 엄마의 부고기사를 쓸게요."라고 말할 준비가 되어 있는 딸이 몇이나 될까?

나에게 주어진 과제는 부고기사에 엄마의 친구들이 엄마에게 얼마나 소중한 존재였는지를 표현하는 것이었다. 자녀들이 멀리 떨어져 사는 동안 가까이 사는 친구들이 얼마나 소중했을까. 혼자 살면서 몸이 아플 때나 집에 불이 났을 때, 수술을 받거나 빙판길에 미끄러져 차가 박살났을 때, 아니면 늦은 밤에 혼자 빈 집에 들어가기가 왠지 두려울 때, 엄마를 도울 수 있었던 사람은 이웃의 친구들뿐이었다. 다음은 엄마가 원했던 부고기사의 일부다.

∽

소중한 친구와 점심식사를 하세요.

에일린 길마틴은 가족들과 친구들에게 특별하게 기억되기를 원합니다. 그녀는 꽃, 개, 고양이, 복지시설 등을 사랑했지만 그보다 여러 친구들을 더 많이 사랑했습니다.

오늘 그녀는 당신에게 한 가지 특별한 부탁을 드릴 겁니다. 당신에게 소중한 사람을 위해 시간을 내세요. 더 이상 기다리거나 변명하지 말고, 그 친구에게 전화를 걸어 함께 점심을 드세요. 사랑하는 사람과 한 시간도 제대로 즐겁게 보내지 못했다고 나중에 후회하지 말고 지금 당장 전화를 거세요. 너무나 쉬운 일이지만, 내일이면 늦을지도 모릅니다. 왜 기다리세요? 소중한 우정은 세상이 우리에게 준 가장 가치 있는 선물이랍니다.

∽

부고기사를 미리 써둔 덕에 엄마가 돌아가신 후 충격에 빠져 있는 동안 해야 하는 일 중 한 가지 짐을 덜 수 있었다. 하지만 진짜 중요한 것은 따로 있다. 엄마가 삶에서 소중하게 여겼던 것과 남들에게 어떻게 기억되고 싶은지에 대해 엄마와 내가 대화를 나눌 수 있었다는 것이다.

사랑하는 사람이 살아있는 동안 죽음에 대한 이야기를 나누면 그 사람을 좀더 잘 이해할 수 있다. 죽음에 관한 대화를 어떻게 시작해야 할지 암담하다면 함께 추억을 나누도록 한다. 대화의 문이 쉽게 열릴 것이다.

내가 엄마의 부고기사를 준비한다는 말을 들은 엄마의 한 친구는 수년 전부터 자신의 죽음에 대해 가족들과 의논하고 싶었다고 말했다. "죽음에 관한 대화를 나누고 싶었지만 어떻게 말을 꺼내야 할지 모르겠더라고." 그녀가 설명했다. "네가 어머니의 부고기사를 미리 준비한다고 애들에게 얘기했지. 이제 아이들과 내 부고기사에 대해 의논할 거야. 내가 벌써 써놨거든. 내가 원하는 장례식에 관해서도 알려줘야겠지. 터놓고 말할 수 있는 기회가 생겨서 정말 다행이야. 일단 시작하니까 이렇게 쉬운 일을 왜 그 동안 그렇게 고민했는지 모르겠어."

사랑하는 사람에 관해 무슨 말을 해야 할지 잘 모르겠다고 생각하기 쉽지만 사실 그리 어려운 일은 아니다. 그들이 살아있을 때 이런 특별한 메시지를 준비해 놓는다면 그를 아끼던 사람들은 그와 더 가까워질 수 있다.

_ 처음으로 가족의 장례식을 치러야 할 때

아무도 알려주지
않은 이야기

Scattering ashes ● 부모의 재를 뿌릴
시간이 되면 형제
자매에게 무슨 말을 해야 할까? 이것은 우리 가족이 직면한 상황이
기도 했다.

그 시간이 왔을 때 우리는 서로에게 무슨 말을 해야 할지 몰랐다.
뿐만 아니라 생전 처음 해보는 일이다보니 어떻게 해야 하는지조차
제대로 알지 못했다. 그저 재를 뿌리기만 하면 되는 건가 싶었다.

바닷가에 모인 우리 가족은 그 상황을 잘 견뎌낼 수 있으리라고
생각했다. 더 힘들고 불편했던 시간들도 이겨냈으니까 말이다. 장
례식이 시작되기도 전에 전혀 모르는 사람들이 다가와서 말을 걸기
도 했고, 처음 보는 목사님으로부터 아버지가 정의로운 삶을 사셨
다는 말을 듣기도 했다. 아버지는 정의로운 일에 늘 앞장서셨지만,
돌아가실 때만큼은 너무 어이없게 돌아가셨다. 아침식사로 도넛을
드시다가 심장이 멈춰버린 것이었다. 아무도 없는 쓸쓸한 부엌에

서 목숨을 구하기 위한 마지막 시도도 없었고, 한 순간 숨이 멎어 버렸다. 아버지는 그렇게 홀로 떠나버리셨다.

우리 형제들은 누군가가 아버지의 유골상자를 열기를 기다리고 있었다. 우리는 바닷가에 서서 아버지의 뼛가루를 뿌리기 위해 모였던 것이다. 사랑하던 사람을 다시 한 번 만질 수 있다는 생각에 이런 의식은 다소나마 위안이 될 수도 있다. 그리고 나면 신이나 자연, 우주로 아버지를 보내드리는 것이다.

재를 뿌릴 준비를 어떻게 해야 할지 난감했다. 그 과정을 학교에서 배운 적도 없고, 책에도 나와 있지 않았기 때문이다. 상자를 열고 경건하게 재를 허공에 뿌리면 된다고 짐작할 뿐이었다. 그런데, 상자를 여니 유골분은 두꺼운 플라스틱 자루 안에 들어 있었다. 찢거나 풀면 되겠지 하고 생각했지만 우리는 그 자루를 찢을 수도 풀수도 없었다. 한번도 재를 뿌려본 적이 없었기 때문에 우리는 그런 것이 있을 줄 몰랐다. 그리고 아무도 주머니칼을 가져가라고 조언해주지 않았다.

결국 우리는 땅바닥에서 주운 날카로운 돌로 두꺼운 플라스틱 자루를 썰듯이 찢어서 열어야 했다. 자루를 열자 우리는 또 다른 사실을 알게 되었다. 아버지의 뼛가루는 잘 정제된 모래처럼 그냥 쏟아졌다. 드문드문 뼛조각도 섞여 있었다. 영화에서처럼 본 것처럼, 혹은 우리가 상상했던 것처럼 재가 바람에 날리지 않았던 것이다.

4년 뒤 엄마가 돌아가신 후, 우리 형제들은 배를 빌려 타고 어렸을 때 물장구치며 놀던 강으로 갔다. 살을 에일 듯 추운 2월의 어느 날이었다. 우리가 즐겨 찾던 강의 한가운데에 도착했을 때 임신 3개월이었던 여동생은 추위에 몸을 덜덜 떨고 있었다. 그곳은 엄마의 재를 쏟아 붓기에 좋은 장소였다. 아버지의 재를 뿌릴 때 경험했기 때문에, 우리는 재가 바람에 날아가지 않고 모래처럼 쏟아진다는 사실을 알고 있었다.

재가 들어 있는 자루를 풀기 전에 남동생은 "엄마, 아버지보다 훨씬 무거우시네요."라고 말했다. 우리는 모두 깔깔거리며 웃었다. 기대하지 않았던 웃음이었지만 모두에게 정말 필요했던 웃음이기도 했다. 실컷 웃고 난 뒤 우리는 어느 정도 긴장이 풀려 있었고 더 이상 엄마의 재를 쏟아 붓는 일에 울컥하는 느낌을 가지지 않을 수 있었다. 엄마의 재를 뿌리며 애써 태연한 척할 필요도 없었다.

상자를 열 때 누군가 "칼 가져온 사람 있어?"라고 물었다. 우리는 아버지의 재를 뿌리러 갔던 때를 기억하며 다시 한 번 크게 웃었다. "우리가 또 당할 줄 알았어?" 남동생이 작은 주머니칼을 꺼내며 말했다. 동생이 칼로 깨끗하게 플라스틱 자루를 열었고, 우리는 엄마와 함께했던 행복한 시간을 떠올리며 강에 엄마의 재를 조금씩 쏟아 부었다.

사랑하는 사람의 재를 뿌리는 상황에서 당황스러운 일을 겪고 싶은 사람은 없을 것이다. "칼 가져온 사람 있어?"라고 서로 물어야 하는 상황도 원하지 않을 것이다. 더군다나 날카로운 돌을 찾아서 두꺼운 플라스틱 자루를 톱질하듯 열고 싶지도 않을 것이다. 하지만 사랑하던 사람을 보내는 의식에 완벽한 준비를 갖춘 사람은 없다. 우리처럼 예상하지 못한 일에 부딪힌다 해도 상관없다.

중요한 것은 그때 부딪히는 당황스러운 순간이 아니라, 고인이 가장 좋아했던 곳에 그의 영혼을 보내주는 것이다. 꼭 강이나 바다일 필요는 없다. 내 친구처럼 아버지가 가장 좋아하던 골프장의 홀에 보내드릴 수도 있다. 재를 뿌리는 그 순간, 고인이 당신에게 미소를 짓고 있다는 것을 느낄 수 있을 것이다. 사랑하던 사람이 육체를 떠났다는 것, 관 속에서 편안히 쉬는 것이 아니라 당신의 손을 통해 '쏟아 부어져' 지구상의 어딘가에서 재와 먼지를 만나 섞이고 새로운 무언가로 탄생한다는 것을 이해하게 되는 그 순간, 당신과 고인의 관계는 새로운 형태가 된다.

죽음을 받아들일 때는 서두르면 안 된다. 영안실로부터 고인을 화장해도 괜찮겠느냐는 전화를 받으면 어떻게 하겠는가? 엄마가 돌아가셨을 때 영안실에서 전화가 왔다. 엄마의 시신을 내보내야겠다는 것이었다. 엄마의 몸이 벌거벗은 채로 석판 위에 누워 있어야 한다는 생각을 하니 미칠 것만 같았다. 나는 더 생각할 것도 없이 "화장해주세요."라고 말했다. 하지만 3일 후 부랴부랴 달려온 여동생 로리가 비행기에서 내리자마자 "엄마 어디 계셔?" 하고 물었을 때 나는 깜짝 놀랐다. "무슨 소리야? 영안실에 계시지. 엄마 재가 거기 있어."라고 대답했다.

"안 돼!" 하고 로리가 울부짖었다. "마지막으로 엄마에게 인사하고 싶었단 말이야." 나는 로리가 엄마의 시신을 보고 싶어 하리라고는 생각지도 못했다. 엄마의 얼굴을 마지막으로 보는 게 동생에게 위로가 될 거라고도 생각지 못했다. 이런 것들이 쉽게 저지를 수 있는 실수들이다. 이런 의식에는 예행연습이라는 게 없다. 그저 그때그때 닥친 일을 처리해나갈 뿐이다. 내 부끄러운 실수 때문에 여동생은 엄마에게 마지막 인사를 하지 못했다. 동생에게 너무나 미안하다. 부디 다른 사람들은 이런 절망감을 겪지 않았으면 좋겠다.

_ 고인의 유언을 따르기 곤란할 때

가장 좋은 계획

When last wishes clash with the needs of the living ● 사랑하는 사람의 죽음을 극복하면서 배우는 것은 타협이다. 아무리 잘 짠 계획이라도 늘 의도한 대로 이루어지지 않는다. 클레어는 다른 사람들이 자신이 겪었던 곤경을 겪지 않았으면 좋겠다는 얘기와 함께 어머니가 돌아가셨을 때의 일을 이야기해주었다.

⟲

어머니는 나와 여동생, 그리고 아버지에게 바닷가에 재를 뿌려달라는 말을 남기고 돌아가셨습니다. 문제는 어머니의 친척들과 친구들이 그 의식에 참여하고 싶어 했다는 것이었어요. 그들은 미국 각지에서 날아와 어머니에게 이별인사를 하고 싶어 했죠. 어머니는 생전에 여러 사람이 모여서 소란 피우는 것은 싫다고 말씀하셨기 때문에 우리 가족은 간단하게 재를 뿌리며 이별을 고하는 의식을 원했어요.

우리는 어찌해야 좋을지 난감했습니다. 친척들은 다들 그 의식에 참여하려고 비행기 표를 알아보고 방문계획들을 세우고 있었거든요. 어머니의 말을 전한다면 그들이 슬퍼할 게 분명했고, 그렇다고 어머니의 유언을 무시할 수도 없었어요. 어떻게 해야 옳은 건지 알 수가 없었죠.

결국 우리는 의식을 치르기 1주일 전에 어머니의 재를 세 개의 자루에 나누어 담았습니다. 어머니가 좋아하셨던 바닷가에 가서 추억에 잠겼어요. 이상하게 들릴지 모르지만 우리는 그런 경치와 자연의 소리에 위로를 받았습니다. 우리 식구들끼리만 조용히 엄마의 재를 뿌리고 돌아왔어요.

그리고 나서 우리는 친척들이 엄마에게 이별을 고할 수 있도록 하기 위해 머리를 짜내기 시작했죠. 우리는 벽난로, 장작스토브, 그릴 등에서 재를 모아 유골분처럼 보이게 했어요. 인산 비료 알갱이와 다른 여러 가지를 섞었죠.

며칠 후 친척들이 도착했고 우리는 다시 바다로 향했어요. 우리 가족이 만든 재가 담긴 자루를 들고 물 속에 쏟았죠. 바보 같은 짓이라고 느껴졌지만 모든 사람을 위해 잘하는 일이라고 생각했어요. 과묵하신 아버지조차도 어머니를 향해 "한 번도 안하는 것보다는 두 번 하는 게 낫잖아."라고 말씀하셨어요. 그런데 우리가 재를 뿌린 곳에서 거품이 부글부글 일어나는 거예요. 다들 놀라서 거품을 잠재우려고 미친 듯이 날뛰었죠. 마침내 이유를 깨닫고 나서 우리는 큰 소리로 웃었어요. 아마 돌아가신 어머니가 제일 큰 소리로 웃으셨을 거예요. 그 거품은 우리가 재를 만들기 위해 섞은 재료에서 나온 거였어요. 다행히 육지에 남아있던 친척들은 이런 상황을 알지 못했고, 우리 얼굴에 번진 눈물자국을 보고는 슬픔 때문에 운 것이라고 생각했어요. 엄마는 우리의 행동을 이해해주셨을 거예요.

사랑하는 사람을 보내는 의식 때문에 난감한 상황에 처할 수도 있어요. 다른 사람들에게 알리지 않고 죽었을 때 남은 가족들이 어려운 상황에 부딪힐 수도 있다는 거예요. 다른 사람들의 반응에 전혀 준비가 되어 있지 않을 때, 고인의 요구와 남은 사람들의 요구가 부딪칠 때, 한 가지를 선택해야 하는 것은 이미 슬픔에 빠져 있는 가족들을 더 힘들게 하지요.

당신이 원하는 마지막 길을 지금 가족과 친구들에게 알리세요. 당신이 죽고 난 후에는 그들을 도울 수 없으니까요. 말로 전할 용기가 없다면 그들에게 부탁하고 싶은 것을 글로 남기는 것도 좋아요. 남겨진 사람들에게 이보다 더 사려 깊은 선물은 없답니다.

✍

당신의 소망을 친구와 가족들에게 알리고 나면 나머지는 그들에게 맡겨라. 클레어의 이야기에서 알 수 있듯 당신의 마지막 요구에 따를 수 없는 상황이 생길 수도 있다. 만일 당신이 클레어의 입장이 되어 타협해야 하는 상황에 처한다면 기대하지 못한 일이 생길 수도 있다. 인생이란 시작과 끝을 마음대로 할 수 없는 법이다.

아직도 남은 일

Appreciating behind-the-scenes responsibilities ● 　　장례식이 끝난
　　　　　　　　　　　　　　　　　　　　　　　　후 고인의 가족
들이 처리해야 할 많은 일을 도와줄 수는 없을까? 아무도 어떻게 해
야 한다고 가르쳐주지 않은 결정들을 내리는 과정에서 겪는 어려움
과 당혹감을 이해해주는 것만으로도 큰 도움이 될 것이다. 그런 것
들만 이해한다 해도 그들이 산더미 같은 기억들을 정돈하고 해결해
야 할 일들을 처리하는 동안 혼자 있고 싶어 한다는 것을 쉽게 받아
들일 수 있다.

　사랑하는 사람을 먼저 보낸 후 남은 사람들이 해야 할 일에는 어
떤 것들이 있을까? 당신이 발 벗고 나서서 고인의 옷장이나 화장실
선반, 책상을 뒤질 수는 없다. 쌓여 있는 빨랫감이나 냉장고의 상한
음식물, 사놓았지만 아직 보내지 못한 선물, 고인에게 의미 있는 기
념품들, 모르는 사람들의 옛날 사진 등은 어떻게 처리해야 할까? 누
군가의 죽음 뒤에 남겨진 일들을 처리할 때 겪는 건 바로 압도당하
는 느낌이다.

할 일이 더 남아 있다. 고인의 주소록에 적혀 있는 사람들에게 전화해서 그가 죽었다고 알려야 한다. 전화를 받은 사람이 그 소식을 듣고 "그럴 리가 없어."라고 부르짖으면 위로도 해야 한다.

죽은 사람의 유품으로 무엇을 간직할 것인가? 친구와 가족에게는 무엇을 줄 것인가? 자선단체에 무엇을 보낼 것이며, 버릴 것과 팔 것은 무엇인가? 모든 법적인 서류, 세금, 사망증명서, 공과금 등은 어떻게 할 것인가? 한 사람이 사망했을 때 남은 문제를 처리하는 데는 상당한 시간이 걸린다. 유서나 소유물의 분배 등에 대해 아무런 논쟁이 없더라도 마찬가지다.

고인이 키우던 애완동물, 답장하지 않은 편지, 우편으로 주문한 것을 되돌려 보내는 일 등은 어떻게 처리할 것인지 결정해야 한다. 한 개인의 삶에서 풀어진 실타래를 주워 담다보면 그의 삶을 훔쳐보는 듯한 느낌, 그의 사생활을 침범하는 듯한 느낌을 가질 수밖에 없다. 하지만 그것이 고인의 삶과 죽음을 질서 정연하게 만들어주는 유일한 방법이다.

어머니가 돌아가셨을 때 사람들은 나에게 여러 가지 실용적인 충고를 해주었다. 유산을 나누어 가질 때, 누군가가 각자 가장 원하는 것을 적으라고 제안했다. 두 사람이 같은 것을 원하면 의논해서 결정해야 하고, 물건 때문에 형제 관계가 상하지 않도록 해야 한다고 조언했다. 그런 조언들 덕분에 우리는 대체로 순탄하게 일을 치를 수 있었다.

어머니가 입었던 옷을 중고옷가게에 팔고 거기서 나오는 수익금을 그 지역의 청소년보호소나 자선단체에 기부하라고 제안한 사람도 있었다. 차고세일(garage sale : 집안에서 쓰던 물건을 차고에서 판매하는 것-옮긴이)을 도맡아준 사람도 있었다. 애완동물을 데려가주겠다고 자원한 사람도 여러 명 있었다. 우리가 처리할 수 없는 일을 도와주는 주위 분들이 너무나 많았다. 그분들 모두에게 깊이 감사하고 있다.

한 가지 후회한 일이 있다. 유품을 정리하다보면 간직해야 할지 없애야 할지 확신이 서지 않는 것들이 있다. 할머니, 할아버지가 어머니에게 보낸 편지들, 당신이 태어나기도 전에 나온 신문을 모은 스크랩북, 오래된 여행사진 등. 안타깝게도 우리는 이러한 많은 것들을 버렸다. 왜 간직하지 않았을까? 이유야 많다. 보관할 장소도 없었고, 우리가 잘 모르는 것도 많았다. 그리고 그런 것들은 엄마의 사생활인 셈인데, 그것을 우리가 보관하면 안 될 것 같았다. 하지만 그런 것들은 수년이 지난 뒤 우리의 아이들이나 우리 자신들에게 굉장히 소중한 것이 된다. 이런 모든 문제에 압도당한 사람들에게 일단 몇 개의 상자를 마련하고 '나중에 가려낼 것' 이라는 표시한 후 그 물건들을 보관하라고 조언하고 싶다. 수년이 지난 후에라도 처리할 수 있으니 말이다.

부모는 아이를
가슴에 묻는다

When a young child dies ● 세상의 어느 부
모가 자녀보다

오래 살기를 바랄까? 불행히도 그런 일이 생긴다면 "왜 나에게 이
런 일이 생기지? 내가 나쁜 부모였나? 내가 뭘 잘못했지? 차라리 아
이 대신 내가 죽었더라면 좋았을 텐데…." 하고 울부짖는다. 부모
뿐만 아니라 남겨진 형제들도 비슷한 고뇌를 겪는다.

아이린의 남동생은 수십 년 전에 죽었다. 그 오랜 세월 동안 아이
린의 어머니는 친구나 가족에게 남동생의 죽음에 관해서 거의 말을
하지 않으셨다. 어느 날 저녁, 나는 아이린에게 부탁하여 아이린의
어머니와 대화를 나눌 수 있었다.

아이린의 어머니는 죽은 아들이 막내였다는 말로 서두를 꺼냈
다. 당시 그는 열네 살이었다. 그날 아이린의 남동생은 나무 위에서
밧줄을 가지고 놀고 있었는데, 밧줄이 목에 걸린 채로 발을 헛디뎌
서 떨어졌다. 의사는 목이 부러져서 사망한 것이며 단순한 사고였

다고 사인을 밝혔지만, 아이린의 어머니는 이상한 계시 같은 것을 받았다고 말했다. 그녀는 아들에게 사고가 났던 시간에 집 근처 양로원으로 봉사활동을 하러 갔었는데, 처음 만난 80세 할머니가 "오늘 한 어린아이가 죽을 것"이라고 말했다고 한다.

아이린의 어머니는 "내 어린 아들은 그 날, 그런 식으로 죽을 준비가 되어 있지 않았어요."라고 말했다. "당시 나는 너무 놀라고 당황해서 오랫동안 그저 멍한 상태로 내야 했어요. 주변 사람들 역시 날 어떻게 위로해야 할지 몰랐던 것 같아요."

그녀는 계속 말을 이었다. "누가 나를 도우려고 노력했다고 해도 나는 아마 몰랐을 거예요. 물론 아무도 원망하지 않아요. 그렇게 갑작스럽게 아이를 잃은 사람에게 무슨 말을 할 수 있었겠어요? 정말 싫었던 것은 이해한다고 말하던 사람들이었어요. 나 자신조차 내 감정을 이해하지 못하는데 어떻게 남들이 그 일을 이해할 수 있었겠어요?

어쨌든 우리는 아직까지도 아이의 죽음을 받아들이려고 노력하는 중이에요. 정말이지 매일매일 삶을 포기해버리고 싶어요. 그 아이가 남겨준 즐거운 기억들이 문득문득 떠오르면 더욱 처참해지죠. 희망이나 꿈같은 거 다시 갖기 어려워요."

아이린의 어머니는 슬픔에 빠져 있었지만, 나머지 네 아이들에게 여전히 엄마노릇을 해야 했다. 그리고 그렇게 힘든 상황에서도 네 명의 아이들을 훌륭히 키워냈다. 그녀는 이렇게 말했다.

"먼저 간 아이에게 사랑을 다 표현하지 못한 게 가장 가슴 아파요. 그래서 남은 네 아이들에게 내 사랑을 알리기 위해 더욱 애쓰게 되었죠."

죽은 아이의 친구들과 아이에 대한 추억을 나누는 것도 그녀에게 기운을 주는 일이었다. 그녀는 살포시 미소를 지으며 이렇게 말했다.

"죽은 아들의 친구들이 가끔씩 집에 들러주는 것도 위로가 되었어요. 아들 녀석 친구 중에 마이크라는 애가 있어요. 마이크는 매년 집에서 만든 젤리를 가져다주었죠. 마이크가 오면 우리는 아들에 관한 이야기를 나누었어요. 나처럼 내 아이를 잘 알고 있는 사람이 있다는 건 큰 도움이 되요. 추억을 나눌 수 있으니까요. 아이의 영혼이 다시 살아나는 느낌을 준답니다. 다른 사람들은 어떨지 모르겠지만 적어도 나한테는 죽은 아들의 친구들이 방문해주는 것이 큰 도움이 됐어요."

같은 상황에 처한 사람이 있다면 그녀는 이렇게 이야기해주고 싶다고 했다.

"때로는 내가 좋은 엄마였는지 생각해요. 남편도 나도 슬픔에서 빠져나오기가 무척 힘들었죠. 하지만 어쨌든 남은 네 아이들에게 우리는 엄마아빠 노릇을 해야 했으니까요.

비록 오랜 세월이 흘렀지만 터놓고 이야기할 생각이에요. 아이들이 그 애의 죽음에 관해 떠올리고 싶어 하지 않는다 해도 언젠가는 한 번 치러야 할 일이니까요."

아들의 죽음 이후에 아이린의 어머니는 슬픔을 잊기 위해 여러 가지 일을 했다. 그녀는 자기 자신과 먼저 간 아들, 하느님 등 그 무엇도 원망하지 않았지만 그래도 여전히 마음속에 맺힌 응어리가 남아 있었다.

오랜 세월의 침묵 끝에 입을 연 아이린의 어머니는 결국 수십 년간 가슴 속에 품고 있었던 생각을 꺼낼 수 있었다. 이제까지 그 누구에게도 말하지 못했던 사실을 말할 준비가 된 것이다.

아이린의 어머니는 아들의 죽음이 사고였다는 것을 믿지 않는다고 말했다. "그 애는 불행했을지도 몰라요. 부모를 실망시키고 싶지 않았을지도 모르고요. 죽기 며칠 전에 풋볼 팀에서 쫓겨났거든요. 겨우 열네 살이었어요. 감정이 매우 여린 나이였지요." 그녀가 조용히 말했다.

아이린의 어머니는 아들의 죽음에 대한 의혹과 정면으로 맞섰던 것이다. 아들이 자살했을지도 모른다는 두려움. 그녀는 그 두려움에 관해서 스스로 하고 싶은 말을 찾아낼 시간이 필요했다.

아이린의 어머니는 아들이 자살했을지도 모른다는 생각 때문에, 그리고 그것을 누구에게도 털어놓을 수가 없었기 때문에 더 오랜 시간 동안 슬픔에서 벗어날 수 었었다고 말했다. 아이린의 가족 모두가 그 생각을 한번쯤 안 해본 것은 아니었지만, 사실 터놓고 말할 수가 없었다. 하지만 이제는 그렇지 않다고 아이린은 말했다.

자식을 앞세운 부모를 위로하려면, 그의 잘잘못을 따지지도 말고 슬픔을 버리라고 말하지도 말아야 한다. 가뜩이나 그들은 자녀의 죽음에 자책감을 느끼고 있는 사람들이다. 그런 아픔과 상처를 건

드리지 말고 그저 당분간 내버려두어야 한다. 사실이든 아니든 그들이 감정을 제대로 표현할 수 있도록 도와야 하며, 주변 사람들의 근심을 덜어주기 위해서 거짓된 감정을 느끼게 해서도 안 된다.

아이린은 어머니의 두려움을 없애려고 노력하지 않았다. 그저 어머니가 오랜 세월 동안 감추어두었던 감정을 표현하게 내버려두었다. 응어리진 감정 때문에 서로 가까워질 수 없었던 아이린의 가족들은 이제 서로에게 한 발자국씩 다가설 수 있게 되었다.

_ 사랑하는 사람이 스스로 죽음을 택했을 때

브랜다와 해리,
그리고 베일

When someone chooses suicide ● 베일은 사촌과 친구가 왜 자살했는지 알고 싶었다. 베일의 아버지는 오랜 투병 끝에 몇 개월 전 돌아가셨다. 그렇게 살기 위해 악착같이 애쓰는 사람도 있는데, 왜 그들은 아무런 도움도 청하지 않고 스스로 생을 저버린 것일까? 왜 아무도 그들에게 심각한 문제가 있었다는 사실을 알아차리지 못했을까? 나는 베일에게서 이런 이메일을 받았다.

〰

곧 쓰러질 것만 같아요. 태풍에 휩싸여 날아갈 것만 같아요. 나는 망연자실한 상태로 웅크리고 앉아 있어요. 숨소리도 점점 약해지는 것 같아요. 너무나 피곤해요. 정말로 피곤해서 죽을 것만 같아요. 욕조에 몸을 담그거나, 전화를 하거나, 집에 찾아오는 사람을 맞거나, 침묵을 지키는 일 따위를 억지로 해내고 있죠.

〰

나는 베일에게 전화를 해야 할지 이메일을 써야 할지 잠시 주저했다. 그녀가 자신이 그렇게 위태로운 상태라고 알린 데는 다른 뜻이 숨어 있었다. 일단 그녀에게 전화를 건 후 답변메일을 썼다.

친애하는 베일

당신은 사촌 브랜다와 친구 해리가 자살했다는 사실에 큰 충격을 받았어요. 당신까지 완전히 기력을 잃은 것 같아 보이네요.

사람들이 스스로 목숨을 끊기 전에 보이는 신호를 알아채지 못하는 경우가 너무나 많아요. 마찬가지로 내가 죽고 싶은 상태에 놓였을 때 친구들이나 가족, 남편조차도 내 감정의 잠수함이 얼마나 깊게 물속으로 가라앉았는지 모르고요.

사람들은 대부분 감정을 표출할 방법이 없다고 느끼지요. 그럭저럭 괜찮은 삶을 살아가는 것처럼 보이는 사람들조차도 이렇게 느낄 수 있어요. 그러다 아무도 찾을 수 없는 더 깊은 내면의 바닥으로 숨어버리는 사람도 있지요. 다른 사람의 도움을 얻어 수면 위로 떠오르기 전까지요.

인간이라면 누구나 자신의 삶을 선택해야 합니다. 체념이나 의무감만으로 "그랬으면 좋았을 걸…." 하고 말하지 않도록 말예요. 삶을 선택한다는 것은 자신이 가치 있는 삶을 살고 있는지 재확인할 수 있는 방법이에요. 그래서 나는 이따금 내가 내 인생을 어떻게 보내고 있는지 잠깐씩 생각해보곤 하지요.

당신의 사촌과 친구가 이 곳에 살아 있었다면, 모든 사람의 삶을 더욱 빛나게 해줄 수 있었을 텐데, 그럴 수 없음을 가슴 아프게 생각합니다. 당신은 그들을 이해할 수 없다고 말했죠? 왜 직면한 고통스러운 상황에만 그렇게 연연했는지 이해하기 어렵다고요. 때로 우리는 누군가 우리의 곁을 떠났을 때 더 의식적으로, 더 많은 질문을 던지고, 더 헌신적으로 삶을 꾸려가게 됩니다.

~

사랑하는 사람의 자살로 인해 슬픔과 죄책감, 혼란을 느끼고 있을 친구에게 무슨 말을 해야 할까? 우선 그의 말에 귀를 기울이는 게 좋다. 그것이 질문이든, 무엇이든 그의 말을 들어주자. 친구에게 무슨 말을 해주어야 할지 막막하겠지만 당신이 그를 진정으로 염려하고 사랑한다는 것만 전하면 된다.

자초지종을 친구에게 부드럽게 묻도록 한다. 그가 어떻게 죽었는지 시시콜콜히 캐물을 것이 아니라 친구의 말에 귀 기울일 준비가 되어있음을 알리기 위해서다.

최근에 내 친구 빌의 아들이 자살을 했다. 나는 너무나 놀라서 빌에게 물었다. "내가 어떻게 하면 도움이 되겠니?" 그러자 빌은 친구들과 가족들이 아들의 선택을 존중해주길 바란다고 말했다. "남은 사람들이 그 아이의 죽음을 헛되다고 생각한다면 그애 인생도

헛된 거야." 빌은 이야기했다. "아들이 너무나 그리워. 정말이지 살아 있었으면 좋겠어. 하지만 그 아이의 선택을 존중하기로 했어. 아이의 영혼은 이제 자유야. 남은 사람들의 고통이 어려운 거지."

어쩌면 이런 생각이 들 수도 있겠다. '어떻게 아버지라는 사람이 자살한 자식의 선택을 존중한다고 말할 수가 있을까?' 당신이 가지고 있는 종교와 믿음, 부모로서의 책임감에 반하는 일이기 때문일 것이다. 빌의 분노와 죄책감은 어디 갔단 말인가? 어떻게 아버지가 그런 말을 할 수 있을까? 이해할 수 없는 것이 당연하다.

자꾸 그런 생각이 든다면 천천히 심호흡을 하고 상황을 좀더 적극적으로 살펴보자. 지금은 당신을 위한 순간이 아니다. 친구의 아픔을 보듬어주기 위해 거기에 있는 것이지, 당신의 견해를 밝히거나 다른 사람의 의견에 토를 달기 위해서가 아니란 걸 기억해야 한다.

급작스럽거나 비극적인 죽음을 경험하는 사람을 도우려면 한 가지 중요한 점을 알아야 한다. 우리가 그 죽음의 옳고 그름, 좋고 나쁨을 판단할 수는 없다는 점이다. 빌이 친구들에게 말했듯이 세상 일이 모두 이치에 맞게 돌아가는 것은 아니다. 슬픔에 빠진 사람에게 그런 것을 말해봤자 아무런 위로가 되지 않는다. 스스로 목숨을 끊은 선택을 존중해달라는 것은 아주 힘든 부탁일 수도 있다. 자신의 믿음에 혼란을 주기 때문이다. 하지만 누군가를 위로하려면 그의 믿음 안에서 행동해야 한다. 이럴 때 가장 좋은 질문은 "안아줘도 괜찮아?"다.

_ 다른 사람의 슬픔이 나의 상처를 건드릴 때

슬픔의 고통은
살아 있다는 증거

Responding to a sudden death ● "슬픔은 파도와
같습니다. 예고

없이 밀려오고 또 밀려가지요." 카운슬러가 텔레비전 시청자들을
향해 이렇게 말했다.

아무도 살지 않는다고 생각했던 창고에 혹시라도 있을지 모르는
사람들을 구하려 죽은 매사추세츠의 소방관들을 위한 추도식이
텔레비전에서 방송되었다. 며칠 동안 신문과 뉴스는 온통 이 사건
이야기로 가득했다. 불이 났던 날 밤, 두 명의 노숙자가 추위를 피
해 아무도 없는 창고에서 살고 있었다는 말이 들려왔다. 그 두 사람
이 그곳에 있는지 없는지 확실하지는 않았지만 만일의 경우에 대
비하여 스물네 명의 소방관들이 서둘러 창고로 달려갔다. 소방관
들에겐 그들이 찾는 사람이 부자건 노숙자건 아무 상관이 없었다.
그저 한 사람의 목숨을 구하는 것이 그들의 임무였다. 스물네 명 모
두가 마찬가지였다. 하지만 그들은 성난 불길을 잠재울 수 없었다.
결국 걷잡을 수 없는 불길에 소방서장은 철수를 명령했고 두 명의

소방관이 건물을 빠져나오지 못했다는 사실이 알려졌다.

동료를 구하라는 것이 소방관의 규칙이다. 연기 속으로 사라진 동료를 구하기 위해 두 사람씩 짝을 지어 다시 불타는 건물 속으로 뛰어들었다. 동료들을 찾던 중 산소공급기의 산소는 바닥이 나고 있었다. 몇 시간 후에 여섯 명이 숨졌다는 소식이 전해졌다. 한 소방관이 말했다. "우리는 언제나 두 사람이다. 늘 동료와 함께하기 때문이다." 형제애를 지닌 여섯 명의 파트너였다.

다른 많은 사람들처럼 나도 텔레비전에서 방송되는 추도식을 보았다. 무엇이 그 수많은 사람들을 워체스터 Worcester 시골에 모이게 만들었을까? 여섯 명의 영웅들을 기억하며 조용히 기도하기 위해 전 세계 각지에서 3만 명에 가까운 소방관들이 자비를 들여 그곳에 모였다. 3백 명도 아니고 3천 명도 아니었다. 3만 명의 소방관들이 캘리포니아, 하와이, 호주, 아일랜드 등지에서 모여들었다. 장난 신고든 격렬한 대화재든 최선을 다해서 대처하는 그들을 위해 모인 것이다. 투철한 희생정신을 가진 영웅들에게 경애를 표하기 위해서 말이다.

그 추도식은 한 가지 사실을 명확히 깨닫게 해주었다. 슬픔에는 시간제한이 없다는 사실 말이다. 다른 사람들의 슬픔을 보기 위해 채널을 돌린 이 때처럼 그것을 강하게 깨달은 적은 없었다. 뜬금없이 내가 가진 과거의 상처가 떠올랐다. 우리 아버지는 소방관은 아니셨지만, 아버지를 보내드릴 준비를 하기 전에 갑작스럽게 돌아가셨다. 어머니도 내 친구 데니스도 모두 수년 전에 나를 두고 갑자기

가버렸다. 오래된 상처들이 다시 우리를 괴롭힐 때 사람들은 이렇게 말한다. "슬픔이 사라질 때도 되었는데…." 하지만 슬픔은 관처럼 땅에 묻거나 재처럼 공중에 뿌려지는 게 아니다. 슬픔은 파도처럼 몰려오고, 때로 당신은 그 파도에 휩쓸려 바다로 내던져진다. 생각도 못했던 순간에 성난 물결이 당신을 혼란에 빠지게 만든다. 반대로 지친 당신을 다시 육지에 토해내기도 하며, 아기를 안아 달래듯이 당신을 부드럽게 안아줄 때도 있다.

슬픔의 고통은 당신이 살아 있다는 증거다. 슬픔의 고통은 사랑하던 사람의 삶에 경애를 표하고, 당신이 살아가야 할 날들을 소중히 할 수 있도록 깨우쳐준다. 슬픔에 빠진 사람을 위로하려면, 사랑하던 사람을 잃은 지 얼마 되지 않았거나 수년이 흘렀거나 상관없이, 그들의 고통을 없애주려고 쓸데없이 애쓰는 대신 그저 그들의 고통을 조용히 함께 느낄 수 있어야 한다. 슬픔은 극복하는 게 아니다. 너무나 그리운 사람의 사랑을 한 번 더 느끼기 위해 가슴속에 스며들도록 내버려두어야 하는 감정이다.

_ 승산 없는 싸움을 하고 있을 때

바로 이곳이
천국이다

In this heaven on earth? ● 바바라와 빌은
같은 기업에서
근무했다. 자연히 그들의 대화는 회사의 목표, 이익, 고객들 때문에
겪는 고충, 경쟁사, 부하직원 관리 등 일에 관한 것이 전부였다. 하
지만 우연히 두 사람 모두 암과 가망 없는 싸움을 하고 있다는 것을
알게 되었다. 그 뒤로 두 사람은 새로운 대화의 창을 열게 되었다.

점심식사를 같이 하던 어느 날, 바바라가 빌에게 〈포춘Fortune〉
지의 최신 기사를 이야기하며 그 기사가 자기에게 용기를 북돋아
주었다고 말했다. GM 사의 부회장인 해리 피어스Harry Pearce가
악성혈액장애와 싸우는 동안 어떤 식으로 자기분석을 했는지에 관
한 기사였다. "자기 문제를 영적인 차원에서 논하는 고위 간부는
많지 않아요." 빌은 그녀의 말을 듣고 이 정기적인 점심모임을 좀
더 특별하게 만들 계획을 세웠다. 그는 '어쩌면' 이라는 제목의 수
필에 자신의 생각을 적었다.

바바라가 내 사무실에 다녀간 것은 고작 1년 전의 일이다. 그 때 그녀는 암을 이겨내기 위해 안 해본 것이 없다고 말했다. 하지만 끝이 보인다고 말했다. 우리는 삶과 신앙, 믿음, 그리고 때로 우리의 인생에서 뜻밖에 주어지는 흥미진진한 사건들에 관해서 이야기했다. 그 날 나는 그녀가 쉽게 죽을 거라고는 생각지 않으며 아마도 우리가 아는 사람 중에 그녀보다 먼저 죽는 이도 있을 거라고 말했다. 심장질환, 전립선암, 신장암 등 고약한 병을 꽤 많이 앓고 있었던 나도 그 중 하나일 수 있다고 말했다.

그때 우리는 꼭 1년 뒤 오늘 뉴욕에서 점심을 하자고 약속했다. 놀랍게도 우리는 한 해를 무사히 보낸 뒤 뉴욕의 멋진 식당에서 함께 점심식사를 할 수 있었다. 그녀의 상태는 여전히 안 좋았지만 그녀는 누구보다도 명랑해 보였다. 그녀는 얼마 뒤에 암 세포를 찾아내는 수술을 하기로 했다며 의사선생님이 가르쳐준 명상이 상당한 도움이 된다고 말했다.

나는 한동안 천국은 없을 지도 모른다고 생각했었다. 하지만…, 우리는 이미 천국에 있는 것인지도 모른다. 이 지구상의 삶이 천국이라고 생각하기란 쉽지 않다. 많은 사람이 병들고 굶주리고 에이즈에 걸린다. 이 땅은 전쟁으로 가득 차 있다. 많은 사람들이 가난에 찌들어 살고 있으며, 이 세상은 완벽함과는 거리가 멀다.

"이게 사는 거란 말이요?"라고 펜실베이니아 서부의 광부가 부르짖을지도 모른다. 소말리아의 굶주린 아이가 "이게 천국이라니,

말도 안 돼요."라고 외칠지도 모른다. 상당한 부를 지녔음에도 불행하다고 느껴 자살한 사람들도 이곳을 천국이라고 생각할까? 어떤 형태로든, 어느 곳에서든, 어떤 상황에 처해 있든, 이 곳의 삶 자체가 기회라는 것을 알면 아마도 삶을 좀더 소중히 여기고, 살찌우고, 발전시키려고 노력할 것이다.

죽음 이후의 삶을 믿는 많은 사람은 천국을 상상한다. 그곳이야말로 우리 모두가 평화롭고, 행복하고, 풍성하게 살 수 있는 곳이라고 말이다. 또한 굶주림, 다툼, 투쟁, 실망이 없는 곳이라고 상상한다. 물 속에 낚싯대를 던지기만 하면 물고기가 잡히고, 너무 춥거나 덥지도 않은 곳, 다른 인간이나 짐승, 바이러스를 염려할 필요가 없는 곳을 상상한다. 과연 '천국'이란 그런 곳일까?

우리의 완벽하지 못한 삶이 사실은 완벽한 게 아닐까? 경쟁과 노력, 기쁨과 즐거움에 뒤따르는 실망, 스트레스, 긴장이 필요한 건 아닐까? 때로는 패배도 중요하지 않은가? 하루를 마치는 순간에, 우리의 인생이 다하는 순간에, 지치고 기진맥진한 편이 낫지 않을까? 언젠가는 지칠 것이라는 현실을 받아들이면서 어려운 문제와 부딪힐 때마다 애쓰고 때로 극복하는 편이 낫지 않을까?

이 지구상의 우리 삶은 언젠가는 끝날 것이고 어쩌면 그것이 최후가 아닐지도 모른다. 이 지구에서 '우리의 날'이 끝나면, 두 눈을 감고 미소를 지으며 두번째 삶을 살지도 모른다. 어쩌면 우리를 떠올리는 다른 사람들의 기억 속에서 영원히 사는 것인지도 모른다. 우리가 이 생을 떠난 뒤 사람들이 갖는 좋은 기억과 나쁜 기억이 천국과 지옥일 수도 있다. 우리의 이름을 들을 때 그들이 미소 짓는가? 그들이 우리와 함께 했던 좋은 시간을 그리워하는가? 그들은 우리가 전해준 희망을 자신들의 삶으로, 그리고 다른 이들의 삶으로 가져갔나? 우리는 가족과 친구의 삶에 존재하나? 어쩌면 우리가 살아 있을 때보다 그들을 떠나고 난 뒤 그들에게 더 소중한 일부가 되었나? 우리는 앞서간 사람들의 일부가 되었는가? 우리를 뒤따를 사람들의 일부가 될 것인가? 어쩌면.

～

우리는 각자 마음속에 이야기를 담고 있다. 말로 표현하지 않을 뿐이다. 남들이 어떻게 받아들일지 몰라서, 혹은 말로 표현할 수 없다고 생각하기 때문이다. 상처받을 것이 두려워 그럴 수도 있다. 빌은 글을 남긴 후 몇 주 뒤에 갑자기 상태가 악화되어 세상을 떠났다. 그가 글을 남기지 않았더라면 삶을 바라보는 그의 아름다운 관점을 그의 가족, 친구, 그리고 우리들에게 알리지 못했을 것이다.

빌의 이야기는 모든 일이 엉망으로 되어가던 어느 날, 나를 크게 위로해주었다. 순간적으로 나는 그의 이야기를 떠올렸고 그 날의 남은 시간을 지옥의 시간이 아니라 천국의 시간이라 여기면 어떨까 하고 생각했다. 그러자 좌절감에 몸서리쳤던 하루하루가 어느새 달라지기 시작했다. 이 지구상에 살아남은 것이 행운이라고 느낄 정도로 강력한 전환점이 되었던 것이다.

아무 말도 할 수 없는 순간

　너무나 끔찍해서 심장이 박동을 멈춰버릴 것만 같았다. 눈물이 줄줄 흐르고 목구멍과 코가 따끔거리듯이 아팠다. 아무 생각도 할 수 없고, 아무 말도 할 수 없는 순간이었다. 2001년 9월 11일, 테러리스트들이 미국을 공격했을 때 우리가 그랬다. 전 세계 사람들이 상상조차 할 수 없었던 광경을 목격했고 현실에서 느낄 수 없었던 감정을 경험했다. '있을 수 없는 일이야.' 라고 우리는 생각했다. 하지만 테러는 이미 벌어진 뒤였다.

　그날 당신은 어떤 생각을 했는가? 나이, 인종, 수입, 성별, 문화, 사회적인 역할에 관계없이 한 인간이 마음에서 우러나는 공감을 느낄 때, 바로 그 때가 사랑의 순간이다. 혼란, 두려움, 분노, 불확실함의 순간에 '다른 사람을 도울 방법이 없을까?' 혹은 '도움을 부탁해도 괜찮을까?' 라는 생각을 할 때 말이다.

　그런 끔찍한 공포의 순간이 오면 우리는 타인을 위해 베풀 수 있는 힘을 다지게 된다. 상처 입은 가슴 하나가 상처 입은 또 다른 가슴과 연결될 수 있다. 경계하는 경비원에게 미소를 보내거나 소방관, 경찰관, 자원봉사자 등에게 감사하다고 인사하는 것, 넋이 나간 듯 보이는 사람에게 도와줄 것이 없느냐고 묻거나 죽은 이들의 추도장소를 방문해서 조용히 조의를 표할 수도 있다. 죽은 자들의 가족이 보여준 용기에 우리는 좌절을 딛고 새 삶을 일구어갈 희망을 가지게 되었다. 그들의 용기에 경의를 표할 수도 있다.

말로 표현할 수 없을 때 상대방을 위한 끊임없는 배려처럼 강력한 선물은 없다. 그들의 상처, 당혹감, 분노 등의 감정을 당신에게 털어놓을 수 있도록 하라.

한 성직자는 이렇게 말했다. "대화를 나눌 상대를 찾아야 합니다. 카운슬러를 말하는 게 아닙니다. 친구나 모임을 뜻하는 것입니다. 나만의 고통이 아니라 우리 모두의 고통이기 때문이죠." 말할 준비가 되어 있지 않았거나 너무 놀라 말문이 막힌 사람들에게는 사려 깊은 배려의 침묵도 위로가 될 수 있다.

테러리스트들의 공격이 있던 날 아침, 나와 우리 동네 사람들은 잠시 눈을 감고 기도를 하자고 모였다. 누군가가 모두 함께 손을 맞잡고 기도하면 어떻겠냐고 조용히 제안했다. 모두 주위를 두리번거리며 혹시라도 불편하게 여길 만한 사람은 없는지 살폈다. 서로 처음 보는 사람도 많았지만, 모두 고개를 끄덕이고는 동그랗게 모여서 옆 사람과 손을 맞잡았다. 그리고는 모두 말없이 서로를 안아주었다.

폭력적이고 파괴적인 비극을 겪고 난 후 우리는 우리의 허약함 속에 숨어 있는 힘을 깨달을 수 있다. 세상을 보는 시각을 바꾸고, 다른 귀로 사람들의 이야기를 듣는다. 그렇게 되면 타인을 좀더 부드럽게 보듬어 안을 수 있다.

뉴욕 증권거래소가 다시 문을 연 날 한 증권회사 간부는 TV카메라 앞에서 이런 말을 했다. "과거에 이 곳은 서로를 안아주는 장소는 아니었지요. 하지만 지금은…." 카메라는 살아남은 동료들을 확인하며 눈물을 흘리며 서로 안아주는 장면을 보여주고 있었다. "이제 우리가 이렇게 변했습니다."

고통을 함께 견디기로 한 우리의 약속이 힘을 합쳐 두려움이라는 강을 건널 수 있게 만든다. 우리는 상처 입은 마음, 부서진 도시, 산산조각이 난 학교, 무너져 내린 회사, 황폐한 국가를 다시 세울 것이다. 신의 은총을 빌며 천천히 다시 일어날 수 있다는 희망을 버리지 않을 것이다.

서서히 다가와 물들이듯
의식을 깨워주는 부드러운 선물

누구나 가슴속에 상처를 안고 살아간다. 사랑하는 사람을 잃은 충격은 말할 것도 없고, 직장에서 해고되거나, 어느 날 갑자기 병에 걸리는 등 소중한 무언가를 잃는 충격과 상실감은 직접 경험해보지 않은 사람은 알 수 없다. 예전의 상태로 되돌아가 다시 마음껏 행복해지고 싶지만, 슬픔의 늪에서 벗어나는 건 쉽지가 않다. 힘든 시간을 극복하도록 도와주려는 주위 사람들의 사랑과 관심은 고맙지만, 안타깝게도 그들의 노력 역시 우리의 상처를 되돌려놓을 수는 없다. 결국 그러한 마음의 상처를 치유하는 데는 시간이 필요하다.

우리 마음은 정원과 같다. 촉촉한 흙에 씨를 뿌리고 아름답게 가꿔가는 정원 말이다. 빗물과 햇빛이 가득한 비옥한 땅에 상처를 딛고 새로운 싹이 나는 것이다. 하지만 새싹이 하늘을 향해 얼굴을 내밀기 전까지는 아무것도 볼 수 없다. 그래서 용기가 필요하다는 것이다. 단단한 껍질을 뚫고 나와 새로운 세상을 맞이하는 건 참을 수 없는 고통이 뒤따르는 일이기도 하다. 그렇다 하더라도 삶을 향해 진전하는 용기가 있어야만 햇빛을 볼 수 있다. 슬픔에 빠져 멍하게 있을 때, 상처를 못 본 척하고 부인할 때, 온통 뒤죽박죽이 된 상태로 분노할 때, 쓸데없이 분주할 때 우리에게는 우리의 이야기에 귀 기울여줄 친구가 필요하다. 필요할 때 함께 울어주고 함께 웃어주는 친구가 말이다.

사람들은 종종 자신이 느끼는 감정의 굴곡을 못 본 척한다. 때로는 상처를 상기시키는 노래, 생각, 기억, 단어들이 더 이상 괴롭지 않다고 자신을 속인다. 그러다 한 순간 감정이 폭발하면, 간신히 올라왔던 마음 상태가 밑바닥으로 다시 굴러 떨어진다. 그런 힘든 시간을 보내는 사람에게 "시간이 약이야.", "언젠가 뒤돌아보며 네가 얻은 교훈에 감사하게 될 거야.", "너는 극복할거야", "상황이 더 나쁠 수도 있었어.", "그 상처가 너를 죽이지는 않잖아. 오히려 너를 강하게 만들 거야." 등과 같은 말을 할 때가 있다. 슬픔에서 벗어나는 속도가 느리건 빠르건 치유단계에 있는 사람에게는 그 모든 말이 주관적으로 들릴 수밖에 없다.

치유란 문고리를 걸어 잠근 마음속에 숨겨진 길을 찾는 일이다. 고통스럽고 외로운 수행일 수도 있지만, 다른 사람과 함께 극복해나갈 수도 있다. 치유란 마음속의 길 찾기, 즉 자기를 보여주는 것이다. 마음속에 담은 이야기를 말로 풀어놓거나 일기장에 글로 쓰고, 친구와 이야기를 나누며 바닷가를 거니는 것이다. 배우자의 죽음, 이혼, 실직, 질병, 이사, 힘든 직장생활 등 사람들이 처한 고통과 상처는 제각각 다르다. 그렇기 때문에 다른 사람에게 상처를 주는 말이 무엇인지, 치유를 도울 수 있는 방법이 무엇인지 항상 정답만을 말할 수도 없다. 그래서 우리는 인내해야 한다. 오래 참아야 한다.

누구나 한번쯤은 자기 자신에게 이렇게 묻는다. '왜 그런 일이 내게 일어났을까?', '만일…' 이라는 말을 붙여서 우리가 했던 일과 하지 않았던 일을 반복해서 머릿속에 그려본다. '만일 내가 이렇게 했더라면 어땠을까?', '혹시 그렇게 했던 게 잘못한 일은 아니었을까?', '내가 얻은 교훈은 뭐지? 이제 어떻게 하면 되지?' 라고 스스로에게 물을 수도 있다. 더 높은 곳에 있는 우주, 영혼, 신에게 무슨 말이든 해보라고 원망하기도 하고, 제발 나를 인도해달라고 애원하기도 한다. 고개를 돌리고 문제를 외면하거나 아무에게도 말하지 않고 덮어둘 수도 있다. 친구나 전문가가 주는 조언 따위를 따르고 싶지 않을 때도 있다. 남이 해주는 충고나 조언을 어떻게 따라야 하는지 이해하려면 꽤 오랜 시간이 걸린다. 고통스러웠던 상황을 무의식적으로 더 악화시켰다는 사실을 깨닫는 데도 많은 시간이 걸린다.

친구든, 동료든, 가족이든, 아니면 우연히 마주친 타인이든, 치유하는 과정에 있는 사람과 함께하려면 인내와 유머감각, 자비가 필요하고, 미래에 대한 전망을 부여할 수 있는 지혜가 필요하다. 또한 상대방이 듣기 싫어하는 사실까지 말해줄 수 있는 용기가 필요하고, 상대방이 가장 두려워하는 현실을 알려주기 위해 잠시 멈추는 배려가 필요하다.

슬픔과 상실감이 서서히 사라지기 시작했을 때(눈동자가 다시 빛나거나, 목소리에 기운이 생기거나, 삶과 일에 대한 열정이 솟아나거나, 자신도 모르는 사이 새로운 것에 관심을 보이거나) 그들이 보지 못하고, 듣지 못하고, 감지하지 못했던 것을 깨우쳐준다면 그보다 큰 선물은 없을 것이다. 힘든 고비를 극복하려고 몇 개월째 노력하고 있었던 한 여성은 친구가 남긴 자동응답기의 메시지를 듣고 눈물을 흘렸다고 했다.

"너는 더 이상 아픈 상태가 아니야. 치유가 시작된 거야." 그 순간까지도 충격과 고통에 압도당하고 있었던 그녀는 자신이 고통에서 서서히 벗어나고 있는지조차 몰랐다. 치유란 스스로 깨닫지 못하고 있던 사이에 서서히 다가와 물들이듯 의식을 깨워주는 부드러운 선물이다. 그리고 이제 그 선물은 당신의 마음속에 포근하게 자리 잡을 것이다.

오늘은 누구와 점심을 드시렵니까?

시어머님 얘기입니다. 유방암 수술을 받으실 때 제가 외국에 있었던 탓으로 병 수발을 하지 못했습니다. 그것이 지금도 늘 죄송함으로 남아 있습니다. 어머님의 팔은 항상 터질 듯 퉁퉁 부어 있습니다. 수술로 임파선을 많이 들어낸 까닭에 혈액순환이 되지 않은 탓이었지요. 그 아픔에는 치료방법이 전혀 없다고 합니다. 특히나 날씨가 궂기라도 하면 엄청난 고통을 겪으셔야 합니다. 말만 크게 해도 울려서 아프실 지경이니 정말 끔찍한 고통입니다.

문제는 도와드릴 방법이 전혀 없다는 데 있습니다. 안부전화를 드리면 어머님 목소리가 가라앉아 있을 때가 있습니다. 그러면 저는 이내 송구해집니다. 그저 '어제도 앓으시느라 잠을 설치셨나보다.' 하고 짐작할 뿐입니다. 날씨가 궂으면 '오늘도 어머님은 무척이나 앓으시겠구나' 짐작합니다. 하지만 감히 전화해서 어떠시냐고 묻지 못합니다. 도와드리지도 못하면서 안쓰러운 마음을 나타내는 것이 몹시 마음에 걸리기 때문입니다.

이런 경우 무슨 말을 해야 할지, 어떤 도움을 드려야 할지 정말 막막하기만 합니다. 그런데 이 책이 길을 보여주었습니다. 뿐만 아니라 과거의 송구함으로부터 어느 정도 자유롭게 해주었습니다. 오히려 제가 치유를 받은 것입니다.

어머님의 고통을 제가 그대로 느낄 수는 없습니다. 또한 그 고통을 덜어드릴 수도 없습니다. 하지만 항상 염려하는 마음가짐으로 계속 마음을 열고 있으면 그 마음이 어머님께도 전해지리라 생각합니다. 그리고 깨달았습니다. 어설픈 말 몇 마디보다는, 말씀을 들어드리고 "어머니, 내일 영화구경 가실래요?"라는 말이 더 위로가 될 수 있다는 것을요.

여러 모습으로 고통 가운데 있는 사람들이 많습니다. 또한 그들을 바라보며 마음 아파하는 사람들도 많습니다. 이런 분들에게 희망과 용기와 지혜를 주는 책이 되기를 바랍니다. 주위를 돌아보고 서로 아우르는 삶을 살아가도록 빛을 제시하는 책이 되기를 바랍니다.

본문에 나와 있는 글로 맺음말을 대신할까 합니다.

"… 당신에게 소중한 사람을 위해 시간을 내세요. 더 이상 기다리거나 변명하지 말고, 그 친구에게 전화를 걸어 함께 점심을 드세요. 사랑하는 사람과 한 시간도 제대로 즐겁게 보내지 못했다고 나중에 후회하지 말고 지금 당장 전화를 거세요. 너무나 쉬운 일이지만, 내일이면 늦을지도 모릅니다. 왜 기다리세요? 소중한 우정은 세상이 당신과 나에게 준 가장 가치 있는 선물이랍니다."

오늘은 누구와 점심을 함께 드시렵니까?

– 옮긴이 안기순

감사의 글

감동의 연결고리를 만들어준
모든 이에게

아마 당신은 이 책에 실린 사람들의 이야기 속에서 당신 자신의 모습을 보았거나 당신이 걱정하고 있는 사람의 모습을 보았을 것이다. 누군가가 힘든 시기를 견디도록 도와준 사람들, 그 감동적인 이야기를 내게 해준 사람들이 없었다면 이 책은 세상에 태어나지 못했을 것이다. 그 연결고리를 만들어준 모든 사람에게 감사의 말을 전하고 싶다. 뿐만 아니라 적절한 시기에 우리를 다른 사람의 삶과 연결시켜준 신에게도 감사한다.

나는 어머니의 죽음을 겪으면서 굉장히 커다란 혼란을 경험했다. 하지만 그 혼란에 대해 이야기함으로써 어머니를 잃은 슬픔을 극복할 수 있었다. 사람들은 그런 내 이야기를 글로 써보라고 격려해주었고, 어려운 시기를 겪고 있는 사람들과 함께 보면 좋겠다고 말해주었다. 우리 가족의 이야기를 쓸 수 있도록 허락해준 동생들에게 감사한다.

어머니가 돌아가시고 9년 후에 나는 이혼을 했고 혼자 살면서 바닷가에서 겨울을 나는 법을 배워나갔다. 아무것도 모르는 나에게 실질적인

생활기술을 가르쳐준 이웃들이 있었다. 언젠가는 다른 사람을 돕는 방법을 알려주는 책을 쓸 것이라는 말을 듣고 내 이웃들은 어느 날 내게 이렇게 말했다. "책 쓰는 일을 시작하는 데 8개월의 시간을 줄게요. 그때까지 시작하지 못하면 평생 쓰지 못할 거예요!"

나를 염려해주는 그 솔직함 때문에 이 책이 나올 수 있었다. 책에 수록된 이야기를 검토하느라 수백 시간을 할애해준 사람들에게 진심으로 감사한다. 또한 캄캄한 터널 안에서도 항상 내 옆에 꼭 붙어 있어준 내 삶의 동료이자 코치인 로간 루미스에게는 정말 무슨 말로 감사를 표현해야 할지 모르겠다. "괜찮아질 거야, 친구야!"라는 말로 그는 나에게 빛을 볼 수 있게 도와주었다.

용기를 내어 자신들의 이야기를 말해준 사람들이 없었다면 이 책은 존재하지 못했을 것이다. 슬프고 괴로운 심정을 솔직하게 들려주고, 그 속에 숨어 있는 진정한 의미를 알려주고, 무슨 말을 해야 할지 모르겠다는 답답함을 표현해준 모든 사람들에게 감사한다.

— 낸스 길마틴

지은이 소개 _ 낸스 길마틴

낸스 길마틴은 어떤 이야기에서든 그 본질과 따뜻한 마음을 발견하는 것으로 유명한 방송 저널리스트다. 미국 에미상 *Emmy Award*을 여러 번 수상했던 그녀는 '지정된 운전자 프로그램 *Designated Driver Program*', '아이들을 배려할 시간 *For Kids' Sake and Time to Care*' 등을 포함해 지역사회의 의식을 일깨우는 프로그램을 전국적으로 확대시키는 데 힘을 쏟았다. 매사추세츠 주의 상원의원인 폴 송가의 보도담당비서로 일하면서 그가 상원의원석을 차지하도록 돕기도 했다.

현재 그녀는 비즈니스 컨설턴트로 일하면서 경영인들에게 말하고 듣는 방법을 가르쳐 그들의 가장 약한 부분인 '교감 나누기'를 강화시키고 있다. 낸스의 지도를 받은 많은 경영인들은 불가능하다고만 여겼던 많은 일들을 그녀 덕분에 이뤄낼 수 있었다고 말한다.

강연, 연수회 지도 등을 도와달라는 요청을 자주 받는 낸스는 상대방의 말에 귀를 기울이는 기술과 적합하고 용감한 대화로 조직의 변화에 일조하고 있다.

• 홈페이지 주소 : http://www.nanceguilmartin.com

옮긴이 소개 _ 안기순

이화여자대학교 영어영문학과와 동 대학의 교육대학원을 졸업했고 미국 시애틀 소재 University of Washington에서 사회사업학 석사학위를 취득했다. 현재 번역 프리랜서로 일하면서 번역문화발전에 기여하고 싶다는 꿈을 키워가고 있는 중이다. 옮긴 책으로는 《파워 커플스》, 《상형문자로의 여행》, 《베이비 러브》, 《종이위의 기적, 쓰면 이루어진다》 등이 있다.

한언의 사명선언문

Our Mission

─. 우리는 새로운 지식을 창출, 전파하여 전 인류가 이를 공유케 함으로써 인류문화의 발전과 행복에 이바지한다.

─. 우리는 끊임없이 학습하는 조직으로서 자신과 조직의 발전을 위해 쉼없이 노력하며, 궁극적으로는 세계적 컨텐츠 그룹을 지향한다.

─. 우리는 정신적, 물질적으로 최고 수준의 복지를 실현하기 위해 노력하며, 명실공히 초일류 사원들의 집합체로서 부끄럼없이 행동한다.

Our Vision   한언은 컨텐츠 기업의 선도적 성공모델이 된다.

저희 한언인들은 위와 같은 사명을 항상 가슴 속에 간직하고
좋은 책을 만들기 위해 최선을 다하고 있습니다.
독자 여러분의 아낌없는 충고와 격려를 부탁드립니다.

― 한언가족 ―

HanEon's Mission statement

Our Mission

─. We create and broadcast new knowledge for the advancement and happiness of the whole human race.

─. We do our best to improve ourselves and the organization, with the ultimate goal of striving to be the best content group in the world.

─. We try to realize the highest quality of welfare system in both mental and physical ways and we behave in a manner that reflects our mission as proud members of HanEon Community.

Our Vision

HanEon will be the leading Success Model of the content group.